Autodisciplina

El Dominio de la Mente

LOS PASOS Y HABITOS PRACTICOS QUE NECESITARA
PARA CONTROLAR SU MENTE, AUMENTAR SU FUERZA
DE VOLUNTAD, DETENER LA DILACION Y SER
DISCIPLINADO EN SU VIDA DIARIA

Martin Hollins   *Peter Meadow*

Copyright © 2018 por Martin Hollins y Peter Meadows- Todos los derechos reservados.

El siguiente libro electrónico se reproduce a continuación con el objetivo de proporcionar información lo más precisa y confiable posible. En cualquier caso, la compra de este libro electrónico puede considerarse como un consentimiento al hecho de que tanto el editor como el autor de este libro no son expertos en los temas tratados y que las recomendaciones o sugerencias que se hacen aquí son solo para fines de entretenimiento. Se debe consultar a los profesionales según sea necesario antes de emprender cualquiera de las acciones aprobadas en este documento.

Esta declaración se considera justa y válida tanto por la Asociación de Abogados de los Estados Unidos como por la Asociación del Comité de Editores y es legalmente vinculante en todo Estados Unidos.

Además, la transmisión, duplicación o reproducción de cualquiera de los siguientes trabajos, incluida información específica, se considerará un acto ilegal, independientemente de si se realiza de forma electrónica o impresa. Esto se extiende a la creación de una copia secundaria o terciaria del trabajo o una copia grabada y solo se permite con el consentimiento expreso por escrito del Editor. Todos los derechos adicionales reservados.

La información en las siguientes páginas se considera en términos generales como una cuenta veraz y precisa de los hechos y, como tal, cualquier falta de atención, uso o mal uso de la información en cuestión por parte del lector rendirá cualquier acción resultante únicamente bajo su alcance. No hay escenarios en los que el editor o el autor original de este trabajo pueda ser considerado responsable de las dificultades o daños que puedan surgir después de comprometerse con la información aquí descrita.

Además, la información en las páginas siguientes está destinada solo para fines informativos y, por lo tanto, debe considerarse universal. Como corresponde a su naturaleza, se presenta sin garantía de su validez prolongada o calidad provisional. Las marcas comerciales que se mencionan se realizan sin consentimiento por escrito y de ninguna manera pueden considerarse un respaldo del titular de la marca.

Table of Contents

Introducción 1

  ¿Por qué todo el mundo necesita autodisciplina? 3

  Cómo usar lo que aprendes aquí en tu vida diaria 5

Que es realmente la autodisciplina 7

  La biología detrás de ella 8

  El Poder De La Autodisciplina 11

  Autodisciplina vs. Gratificación instantánea 13

  Lo Que Puedes Lograr Con La Autodisciplina .. 16

Primeros Pasos 18

  Comenzar Con Los Fundamentos 19

  Todo Está Interrelacionado 26

  Elije Uno de los Hábitos Fundamentales 28

  Dos Mentes 47

  Como Meditar 51

Tu Propósito, Tu Misión 56

  Encontrar Tu Propósito 60

  Qué Quieres Lograr 64

Preparando Tu Mente 67

Obtener La Mentalidad Correcta 70

Cómo Funciona Tu Cerebro 72

Diagnóstico de tus Problemas de Autodisciplina 76

Lo que se está Metiendo en tu Camino 78

Conociendo tus Fortalezas y Debilidades 86

Cómo Evitar Problemas 89

Hábitos y Rutinas de Autodisciplina 94

Cómo Desarrollar y Adquirir Buenos Hábitos Para La Autodisciplina 102

Alineando Una Buena Rutina 108

Encontrar un Sistema que Funcione Para Ti 110

Malos Hábitos Que Debes Evitar 112

Salir de tu zona de confort 118

¿Cuál Es Tu Zona De Confort? 118

Lo Que Te Estás Perdiendo 120

Como Se Relaciona Con El Miedo 122

El Temor 123

El Miedo Y Tus Propias Distracciones 125

Entrenando Tu Mente Para Ser Valiente 126

Gestionando tu entorno **131**

    Cómo tu entorno juega un papel 133

    Preparando el Entorno Adecuado 133

Diferencia Entre Ser Productivo y Estar Ocupado **142**

    Saber Lo Que Se Necesita Hacer 146

        1. ¿Por Qué Es Importante? 146

        2. Elige Tu Tarea Más Importante Para Hacer Primero 147

        3. Lo Que Califica Como Una Tarea Importante 148

        4. Cuando Hay Más De Una Tarea Extremadamente Importante. 148

        5. Abordar Tareas Más Pequeñas 149

    Identifique tus Tendencias de Evitación 149

La Regla 80/20 .... **154**

    El principio de Pareto 155

    Viviendo Una Vida 80/20 157

    ¿Cómo Se Aplica Esto A La Autodisciplina? 158

Conclusión **160**

Introducción

Felicitaciones por comprar Autodisciplina: El dominio de la Mente y gracias por hacerlo.

No importa dónde vivas en el mundo, es fácil identificar a aquellos que han perfeccionado sus habilidades de autodisciplina. Parecen sobresalir de las masas sin importar las circunstancias. Cuando hayas dominado esta habilidad, sabrás que otros podrán contar contigo para realizar el trabajo correctamente, a pesar de los obstáculos que puedas enfrentar.

Los SEAL de la Marina de los EE. UU., Una de las fuerzas de combate más elitistas del mundo, viven según el mantra: "El dolor es debilidad que abandona el cuerpo". No es de extrañar que las personas de todo el mundo los vean con profundo respeto. Sin embargo, lamentablemente, pocas personas pueden realmente decir que han dominado esta calidad de autodisciplina hasta este punto. Si bien es muy deseado entre tantos, la cantidad de personas que pueden seguir un plan a pesar de las circunstancias negativas es mínima en el mejor de los casos.

La mayoría de nosotros puede creer que no somos capaces de cumplir con el tipo de compromiso que requiere la autodisciplina. Sin embargo, no solo hay una buena razón para aceptar las posibilidades de dominar esta calidad, sino que también hay una buena razón para hacerlo. Si bien es un rasgo deseado en muchos, no es un rasgo inherente; No nacemos con esta habilidad de controlar nuestras acciones. Eso significa que es un comportamiento aprendido, que por extensión, significa que la capacidad de dominarlo está dentro de todos nosotros.

Tener autodisciplina no es lo mismo es tener motivación. Cuando estamos motivados para hacer algo, estamos ansiosos por abordar el proyecto. Cuando estemos motivados, evitaremos comer, socializar o dedicar tiempo a nuestras actividades favoritas. Sin embargo, cuando tenemos que abordar un trabajo que no estamos motivados a hacer, las circunstancias son diferentes. Podemos querer sinceramente realizar la tarea, pero algo se interpone en el camino; Nos distraemos fácilmente, y parece casi imposible escapar de la monotonía.

¿Por qué todo el mundo necesita autodisciplina?

Después de años de investigación, el verdadero secreto del éxito finalmente ha sido descubierto. Los que tienen más éxito en la vida son aquellos que han dominado el poder de la autodisciplina. En otras palabras, pueden realizar ese tipo de actividades que nadie más quiere hacer. Cuando tienen un objetivo viable por delante, están dispuestos a hacer lo que sea necesario para lograr los resultados deseados.

No importa cuáles sean tus metas, si no tienes la disciplina suficiente para trabajar las partes tediosas y aburridas de la tarea, no lograrás el éxito. Esto implica ignorar la tentación de ver tu programa de televisión favorito, la capacidad de no contestar el teléfono cuando estás involucrado en una tarea, o rechazar esa invitación a la cena cuando hay una fecha límite en meta.

No importa quién seas, la autodisciplina es una cualidad importante que debes tener en todos los aspectos de la vida. Cuando la tienes, tienes el poder de cumplir con todas tus decisiones sin dejar de lado las responsabilidades. Te permite perseverar a través de cualquier circunstancia, y crea en ti una fuerza interior que puedes aplicar para superar las adicciones, evitar la dilación, evitar las tendencias perezosas y resistir a la gratificación instantánea. También aprenderás a:

- ❖ Controlar tus impulsos
- ❖ Cumplir las promesas y compromisos asumidos con los demás.
- ❖ Seguir un proyecto mucho después de que el entusiasmo se haya desvanecido
- ❖ Seguir tu dieta o régimen de ejercicio
- ❖ Levantarte a tiempo
- ❖ cualquier otra cosa que quieras hacer.

A través de las páginas de este libro, aprenderás los pequeños secretos que te ayudarán a dominar el éxito al construir tu propia autodisciplina. Juntos descubriremos:

- ❖ ¿Qué es realmente la autodisciplina?
- ❖ Los elementos fundamentales de la autodisciplina.

- Las formas en que tener un propósito puede sentar las bases para una buena autodisciplina
- Cómo identificar tus propias debilidades cuando se trata de autodisciplina
- ¿Por qué es importante salir de tu zona de confort?
- Cómo tomar el control de tu entorno
- Y mucho, mucho más

Comprenderás cómo usar la disciplina en tu vida cotidiana y las rutinas fundamentales para aplicarlo que te guiarán en la dirección correcta, sin importar cuáles sean tus objetivos.

Cómo usar lo que aprendes aquí en tu vida diaria

Para obtener el máximo provecho de las lecciones incluidas en este libro, es importante que las estrategias y tácticas que se enumeran aquí sirvan para algo más que solo leer. Necesitas aplicarlos lo antes posible. Cuando se recomienda que tomes medidas, entonces hazlo, ya sea que lo entiendas completamente o no.

Debes establecer un objetivo ahora mismo para dominar tu autodisciplina antes de pasar la página. Eso establecerá el precedente para todo el libro y te pondrá en la mentalidad correcta para el éxito. No dudes, ya que eso te pondrá automáticamente en procrastinación, lo que te hará retroceder en tus metas incluso antes de que comiences.

No eres un espectador en tu vida, por lo que debe ser tu objetivo ser un participante activo en los ejercicios incluidos aquí. Diviértete, experimenta y no veas nada como un impedimento para sus objetivos, sino como un escalón hacia tu futuro. Una vez que hayas logrado esa mentalidad, no habrá nada que pueda impedirte dominar tu propio nivel de autodisciplina.

Hay muchos libros sobre este tema en el mercado, ¡gracias de nuevo por elegir este! Se hicieron todos los esfuerzos para garantizar que esté lleno de la mayor cantidad de información útil posible, ¡por favor, disfrute!

Capítulo 1

QUE ES REALMENTE LA AUTODISCIPLINA

Hay muchas maneras de definir la autodisciplina. La mayoría de nosotros entendemos que es la capacidad de regular nuestras acciones para lograr un objetivo establecido. Algunas personas pueden dar una respuesta simple al explicarlo. Pueden decir que es autocontrol, la capacidad de contenerse, o un ejercicio de fuerza de voluntad.

Si bien todas esas respuestas son correctas al describir la autodisciplina, su verdadera definición va mucho más allá de eso. Cuando tienes autodisciplina, tienes la capacidad de superar cosas difíciles y desafiantes con la esperanza de lograr el objetivo de mejorarte al final. La habilidad puede ser aplicada a cualquier aspecto de tu vida. Cualquiera que sea tu objetivo, es la capacidad de hacer lo que sea necesario para lograrlo, sin importar qué.

Todos nosotros tenemos alguna forma de autodisciplina, pero cada uno de nosotros puede poseerla en un grado diferente. Sin embargo, podemos mejorar nuestro grado de autodisciplina simplemente entendiéndola mejor. La mayoría de la gente piensa que es una cuestión de fuerza de voluntad, la acción de tomar la decisión de seguir adelante con algo y verlo hasta el final. Hasta cierto punto, esto es cierto, sin embargo, todos somos criaturas biológicas y nos ayuda a entender la ciencia detrás de lo que sucede internamente cuando ejerces la autodisciplina.

La biología detrás de ella

Todos nuestros comportamientos se originan en el cerebro. Los científicos han comprendido durante mucho tiempo que este órgano está formado por 100 mil millones de neuronas que trabajan juntas para producir nuestro pensamiento y nuestra conducta. Si bien hemos aprendido mucho sobre cómo funciona el cerebro, todavía hay un mucho territorio desconocido, por lo que se puede esperar que lo que ya entendemos se amplíe en los próximos años.

Sin embargo, según las investigaciones realizadas hasta la fecha, hemos aprendido un poco sobre cómo el cerebro procesa los patrones de pensamiento que rodean nuestra confianza en nosotros mismos. Mediante el uso de máquinas funcionales de imágenes por resonancia magnética, han podido observar la actividad cerebral mientras ocurre cuando las personas ejercen su autodisciplina.

A través de estos estudios, se ha observado que la corteza prefrontal medial ventral experimentó un aumento de la actividad cuando se pidió a los participantes que eligieran aceptar una recompensa monetaria grande por algún tiempo en el futuro o una recompensa más pequeña ahora. La vieja batalla de si podrían o no retrasar su gratificación.

Una segunda área del cerebro que se activó cuando se presentaron tales decisiones fue la corteza prefrontal dorsolateral. Esta es el área que se sabe que funciona cuando se trata de decidir sobre opciones futuras. Cuando el participante del estudio estaba sopesando las consecuencias a largo plazo, hubo un grado mucho mayor de actividad en esta región del cerebro.

A partir de estos estudios, los investigadores pudieron determinar que el tipo de autodisciplina necesaria para hacer este tipo de elecciones era mucho más fácil para algunas personas que para otras. La diferencia se debió a la cantidad de actividad y la estructura de su corteza prefrontal. A través de esto, han podido determinar exactamente qué parte del cerebro es responsable de la toma de decisiones y la autodisciplina.

Esta información, junto con la comprensión de que el cerebro es una máquina de aprendizaje constante, nos ayuda a comprender que, al contrario de lo que solíamos pensar, se puede entrenar para cambiar hábitos. La vieja frase "no puedes enseñarle nuevos trucos a un perro viejo" no se aplica aquí. La capacidad de aprender autodisciplina está dentro de todos nosotros. Entonces, si eres ese individuo que tiene dificultades para decirle no a las personas o para resistirte a cosas que sabes que son malas para ti, confía. Con el entrenamiento y la comprensión adecuados, puedes desarrollar esta habilidad y reclamar tu poder de toma de decisiones, lo que te brinda mucho más control sobre tu vida.

Entonces, ¿qué hace que el nivel de autocontrol de una persona sea diferente de otra? Se entiende que una parte de su desarrollo en esta área es de naturaleza genética, pero no todas. Entonces, si bien algunos pueden desarrollar esta habilidad más fácilmente que otros, no significa que aquellos que luchan con ella no puedan trabajar para construirla al mismo nivel. Una buena parte de tu capacidad para dominar esta habilidad proviene de tu entorno y de cómo te criaron en tu hogar. No podemos decir con confianza, que una persona tiene la capacidad de dominar el autocontrol sobre otra persona basándose completamente en lo genético. Todos nosotros tenemos la capacidad de mejorar nuestras acciones con el tiempo para que puedas alcanzar el grado de autodisciplina que siempre has deseado.

El Poder De La Autodisciplina

La habilidad de demorarse o esperar la gratificación puede ser una habilidad muy poderosa para dominar en tu vida. Esto significa que podrás establecer metas y sortear todo tipo de obstáculos hasta que realmente los logres. Esto requiere un nivel intenso de enfoque, eliminando todo tipo de interrupciones que de otra manera podrían distraernos. Significa estar dispuesto a esperar las cosas que deseas con la esperanza de obtener una recompensa mayor en el futuro.

También te brinda la capacidad de enfocarte y concentrarse en lo que es más importante, no solo para el presente sino también para el futuro. Tu capacidad para establecer prioridades te dará automáticamente más control sobre tu vida y evitarás reacciones instintivas o impulsivas a los eventos que ocurren dentro de tu entorno. En otras palabras, aprende a disminuir la velocidad y meditar sobre las consecuencias, que pueden ser a la vez de mucho empoderamiento y motivadoras.

Cuanto más puedas reducir la velocidad y obtener una visión general de las cosas, más fácil será encontrar soluciones viables a los problemas que enfrentas. Sabrás cómo evaluar los pros y los contras y decidir una resolución efectiva que tenga mejores posibilidades de éxito.

Según un estudio publicado en Journal of Environmental Psychology, realizado con un grupo de niñas de varios vecindarios de Chicago, se determinó que cuanto mayor es la autodisciplina de una niña, mayores son sus posibilidades de obtener buenos resultados en la escuela. Más probable será que evite involucrarse en conductas de riesgo o adquirir hábitos poco saludables. Como resultado, era más probable que lograra el éxito en el futuro.

Si bien puede haber muchos libros publicados sobre el secreto del éxito, tómate el tiempo para mirarlos y encontrarás un subyacente principal en todos ellos. Tienes que entrenar tu mente para ser más disciplinado. Al hacerlo, te das el poder de lograr los objetivos que te propusiste y tienes mucho éxito esperándote si lo haces.

Autodisciplina vs. Gratificación instantánea

Muchas personas ahora están familiarizadas con el infame Estudio del Malvavisco que se llevó a cabo en la década de 1960. En ese momento, el investigador de la Universidad de Stanford, Michael Mischel, nos dio evidencia de que la autodisciplina estaba conectada al éxito más adelante en la vida. Al tomar un grupo de niños de 4 años y darles a cada uno un solo malvavisco, él les dio una opción; esperar otro malvavisco cuando regresara el entrevistador o estar contento con el que ya tenían.

Los resultados de la prueba fueron bastante profundos. Algunos de los niños tomaron inmediatamente el malvavisco y se entregaron a sí mismos, mientras que otros retrasaron su gratificación y esperaron el segundo malvavisco. En el momento del estudio, los resultados no indicaban mucho sobre el desarrollo del niño, pero se revelaron muchos catorce años más tarde cuando se llamó a los mismos niños.

Para entonces, ya se habían graduado de la escuela secundaria, y eso es cuando los resultados reales se hicieron evidentes. Se encontró que aquellos niños que pudieron esperar ese segundo malvavisco tenían una perspectiva más positiva de la vida. Se motivaron a sí mismos y persistieron cuando se enfrentaron a desafíos difíciles. De hecho, pudieron retrasar su gratificación hasta que lograron sus objetivos con éxito. A todos los efectos, estos jóvenes adultos habían desarrollado hábitos que los pondrían en camino de ser adultos exitosos. Su futuro se veía brillante y estaban preparados para mejores matrimonios, mejores carreras e incluso mejor salud.

Por otro lado, aquellos niños que no podían esperar tenían un futuro más problemático por delante. Cuando se evaluaron años más tarde, se descubrió que eran más indecisos cuando se trataba de asuntos serios, tendían a ser menos confiados, no confiaban en los demás y aún no podían retrasar la gratificación cuando surgía algo más atractivo. Se distraían más fácilmente y, a menudo, perdían el enfoque cuando estudiaban. Se esperaba que esta falta de control sobre sus mentes y sus vidas, si no se corrigieran, los pusiera en un camino que los llevara a una baja satisfacción laboral, mala salud y una insatisfacción y frustración general con sus vidas.

La evidencia del estudio subraya los mismos principios que se aplican a todos nosotros. Nuestro sentido de autocontrol se pondrá a prueba a lo largo de nuestra vida adulta. No es ningún secreto que posponer las cosas que amamos hacer serán dolorosas a veces, pero valdrá la pena si podemos aferrarnos a ellas. Esto no quiere decir que cada vez que demoremos la gratificación tendremos éxito, pero las probabilidades definitivamente están a nuestro favor si podemos aprender a no vivir nuestras vidas completamente por medio de reacciones de impulso. Una vez que dominamos la habilidad de tomar nuestro tiempo, desarrollar un plan de acción en cada situación, nuestras probabilidades de éxito aumentan exponencialmente.

Lo Que Puedes Lograr Con La Autodisciplina

La evidencia es abrumadora, la autodisciplina suele ser el elemento clave que conduce al éxito. Podrás tomar decisiones prácticas y controlar tus emociones al mismo tiempo. Tu comportamiento será más estable y te mantendrás enfocado por más tiempo, por lo que podrás esforzarte por alcanzar objetivos más significativos.

Eso no significa, sin embargo, que debes vivir una vida de privaciones, eliminando todo tipo de disfrute de tu mundo. Tampoco significa vivir la vida de un indigente o infeliz. Ser autodisciplinado no es lo mismo que privarte de la diversión, sino que puedes darte la libertad de aprender a canalizar tu mente y tus energías para que estén capacitados en tus objetivos. Significa desarrollar una actitud mental mediante la cual controlas tus acciones y los pasos deliberados hacia tu meta final.

En resumen, al dominar el arte de la autodisciplina, lograrás un estilo de vida más ordenado y estable que te llevará a una vida mucho más satisfactoria.

Capítulo 2

Primeros Pasos

Antes de que puedas trabajar en tu autodisciplina, debes estar al tanto en dónde comenzar. Estás a punto de iniciar a esculpir efectivamente tu ser interior, pero si no sabes quién eres, será muy difícil enfrentar este desafío. A lo largo de tu vida, tendrás que enfrentarte a muchas batallas, pero la más difícil es la batalla que constantemente empuja y tira dentro de ti. Primero debes aprender cómo hacer que tu mente y tu cuerpo trabajen juntos en los mismos objetivos.

A lo largo de tu vida, enfrentarás muchos desafíos, algunos esperados y otros no. Si bien tienes poco o ningún control sobre lo que sucede externamente en tu vida, para superar estos obstáculos, necesitarás la combinación perfecta de disciplina y paciencia para superar las cosas. Si puedes aprender a tomarte el tiempo para desarrollar un plan de acción antes de hacer algo, no correrás el riesgo de auto-sabotear tus esfuerzos y socavar tus metas.

Sin embargo, para hacer esto, tienes que ser capaz de identificar aquellos hábitos que a menudo se están interponiendo en tu camino. Una vez que hayas podido identificar esos obstáculos, puedes adoptar un enfoque activo para eliminarlos, de modo que ya no te impidan seguir con tus planes. Para hacer esto, necesitas saber a dónde vas.

Si está a punto de aventurarte en un área a la que nunca has ido antes, puede ser muy difícil hacerlo sin un mapa. Sabes dónde te encuentras en este momento, pero debes tener en mente un destino específico. Una vez que sepas dónde quieres estar, puedes trazar un curso que te llevará directamente allí. Entonces, el primer paso para crear tu mapa de ruta es comenzar con los fundamentos.

Comenzar Con Los Fundamentos

Tienes que empezar desde el principio. Tú, como muchas otras personas, asumen automáticamente que se conocen a sí mismos. Es parte de la naturaleza humana esperar que nos entendamos mejor que otros, pero la realidad es más a menudo la opuesta. Por lo tanto, antes de que puedas comenzar, debes dejar de lado todas esas nociones preconcebidas acerca de quién eres, lo que realmente quieres y lo que puedes hacer. Puedo garantizarte que tus opiniones sobre esos asuntos están muy lejos de lo que realmente muestra la verdad.

A través de varios años de investigación, se ha descubierto que si bien nadie se sale con la suya en una situación determinada, hay quienes piensan que siempre pueden hacerlo. Esas personas generalmente son las que tuvieron padres que cumplieron todos sus deseos mientras crecían. Cuando los padres atienden a sus hijos, especialmente en momentos en que el cerebro se está desarrollando, los niños no aprenden la importancia de controlar sus impulsos internos o incluso tomarse el tiempo para considerar las consecuencias a largo plazo. El resultado final es un individuo que no ha aprendido disciplina o los pilares de la autodisciplina.

Sin embargo, incluso como adulto, este patrón puede cambiar. Uno debe comenzar por desarrollar tu propia capacidad de enfocarte en lo que es importante. Dado que el enfoque es uno de los factores principales de la autodisciplina, es un buen lugar para comenzar. Tu habilidad para enfocar se correlaciona directamente con tu disciplina. Es completamente dependiente de algo que los investigadores han denominado funciones ejecutivas.

Las funciones ejecutivas son principalmente responsables de cinco habilidades importantes:

- ❖ Enfoque
- ❖ Organización y planificación.
- ❖ Iniciar tareas y llevarlas a cabo.
- ❖ Controlar las emociones.
- ❖ Autocontrol

Hablemos un poco sobre el primero: enfoque. Hay tres elementos que, cuando son capaces de funcionar juntos, te permiten enfocar. Primero, está tu memoria de trabajo, tu capacidad para controlar tus emociones (control de impulsos) y la flexibilidad cognitiva. Cuando ejercitas estos elementos, tu cerebro puede establecer metas a perseguir, priorizar tu vida, filtrar las distracciones y controlar todos tus impulsos al mismo tiempo.

Ahora que hemos aprendido que el cerebro es responsable de estas funciones, podemos trabajar para aumentar el flujo de sangre hacia él como un primer paso para mejorar nuestra capacidad de concentración. Pero, ¿cómo puedes hacer esto? Hay varias maneras de alcanzarlo.

Se sabe que la meditación ayuda a las personas a aumentar su capacidad de concentración durante siglos. Durante años, esto fue cuestionado por muchos que dudaban de su capacidad para tener un efecto genuino en un individuo. Sin embargo, se tomaron imágenes de resonancia magnética de los participantes en un estudio en particular antes de comenzar un curso sobre meditación y luego uno por separado, los resultados mostraron que ha sido muy eficaz para fortalecer aquellas áreas del cerebro que son clave para enfocar.

Asimismo, se demostró que puede reducir literalmente la amígdala, que es la parte del cerebro responsable de nuestros instintos, emociones y mecanismos de supervivencia. Aquí es de donde vienen nuestras respuestas internas de lucha o huida. A los que participaron en el estudio se les pidió que practicaran la meditación por un período de ocho semanas. Los resultados mostraron que al final del estudio, se encontró que tenían menos probabilidades de sucumbir al miedo o tener esas reacciones instintivas cuando estaban bajo estrés.

Además de eso, los resultados también mostraron que la materia gris del cerebro de la corteza prefrontal y la corteza cingulada anterior en realidad se volvieron más densas después de meditar. Estas son las áreas del cerebro que son responsables de la autorregulación y la flexibilidad cognitiva. Esto es evidencia de que la meditación puede aumentar tu capacidad para controlar tus emociones y mejorar físicamente las áreas del cerebro que son responsables de ellas.

Por lo tanto, una de las primeras cosas que debes hacer para desarrollar tu autodisciplina es establecer un período de tiempo en el día para practicar la meditación o la práctica de la atención plena. No necesitas dedicar mucho tiempo para esto. Considera agregar solo unos minutos adicionales a tu rutina matutina o en otro momento del día cuando estés menos activo.

Si bien su objetivo es mejorar tu autodisciplina, no se puede lograr si no puedes concentrarte. Los dos están completamente interrelacionados. Si no puedes mantener tu mente enfocada en tus metas a largo plazo, entonces tu disciplina no será de mucha utilidad.

Otra área a la que debes prestar atención es tu fuerza de voluntad. Muy relacionada con la motivación, tienes que proteger esta cualidad a toda costa. Tu cuerpo es un instrumento biológico que necesita ser reabastecido constantemente. A menudo pensamos en el reabastecimiento de combustible en el sentido de asegurarnos de que tengamos alimentos nutritivos para comer, pero nuestro cuerpo también necesita tener otros reabastecimientos de combustible además de alimentos y bebidas. Cuando aplicas tu autodisciplina o fuerza de voluntad, es como sacar dinero de tu cuenta de ahorros. Si constantemente realizas retiros y no realizas depósitos, es solo una cuestión de tiempo antes de que tu cuenta se agote.

¿Qué significa esto? Simplemente no hay una fuente ilimitada de fuerza de voluntad en tu cuerpo en la que puedas confiar. Dada la suficiente tentación, la presión eventualmente vencerá si no la proteges. Los estudios han demostrado que la mayoría de las personas pueden resistir la tentación una vez en su vida. Pero un ataque repetido de presión eventualmente debilitará tu resistencia. Hay mucha evidencia científica que muestra que los cerebros de aquellos que han resistido la tentación una vez son distintivamente diferentes de los cerebros de aquellos que han tenido que resistir lo mismo diez, veinte o incluso cien veces.

Independientemente de qué tan bien te hayas resistido en el pasado, no es una prueba de que no cederás en otro momento. Cada vez que se ejerce presión, la capacidad del cerebro para resistir se debilita un poco si no trabajas para reponer tu fuerza de voluntad. Si bien fisiológicamente, podemos prescindir de lo esencial de la vida por un tiempo, cuando agotamos aquellas cosas en las que confiamos para sobrevivir, nuestros cerebros cambiarán automáticamente a un modo de supervivencia, que cambiará automáticamente a la gratificación instantánea, que es el último clavo en el ataúd de la autodisciplina.

Tu mejor defensa contra tales reacciones es asegurarse de que tu cerebro nunca llegue a ese punto. Para ello, evita desafiar tu fuerza de voluntad, a menos que sea absolutamente necesario que sea lo mejor para mantenerse alejado de las situaciones que puedan hacer que la use. Por ejemplo, si estás a dieta, ir constantemente en una panadería o en un lugar con alimentos que obstaculicen tus objetivos va a desafiar tu fuerza de voluntad más de lo necesario. Hasta que construyas tu resistencia a esas cosas, es mejor que te mantengas alejado de las tentaciones si es posible.

Todo Está Interrelacionado

Hay cuatro fundamentos clave para la autodisciplina. Básicamente, son solo cuatro hábitos diferentes que pueden afectar a casi todo en tu vida. Es posible que hayas conocido estos fundamentos en el pasado, pero nunca se conectaron con tu capacidad para controlar tus acciones. Estos son:

- ❖ Dormir
- ❖ Nutrición
- ❖ Movimiento
- ❖ Meditación

Estos cuatro fundamentos constituyen la base de casi todo lo que necesitas para tener un estilo de vida saludable. Una vez que domines esto, estarás completamente equipado para mantener el control de tu vida. Estarás más tranquilo, más concentrado y tendrás más energía.

Probablemente ya lo hayas visto en acción. ¿Alguna vez has notado cuán diferente es el comportamiento de una persona que no duerme lo suficiente? Tienden a ser más irritables y difíciles de complacer. Sin embargo, una persona bien descansada es más tranquila y mucho más enfocada.

Lo más interesante es que todos estos fundamentos tienen un efecto en todos los demás. Cuando uno de ellos falla, puedes esperar que los otros también lo hagan. Por ejemplo, si eres capaz de dormir bien todas las noches, te levantas con buena energía para pasar el día. Comerás mejor, lo que te dará la energía para moverte. Eso, a su vez, te ayudará a meditar, lo que te dará un estado mental más tranquilo para que puedas dormir.

Por otro lado, si te levantas por la mañana sin dormir lo suficiente, ya tienes poca energía. Tu modo de supervivencia se activa y empiezas a tener todo tipo de antojos, lo que hace que tomes estimulantes artificiales para mantenerte en movimiento. Tomas decisiones alimenticias poco saludables, lo que hace que tu azúcar en la sangre aumente (o se bloquee) y quedas sin energía. Sin esa energía, tu mente no puede concentrarse y no puedes meditar y te vas a la cama completamente fuera de control, lo que podría hacer que tengas otra mala noche de sueño. Para desarrollar la autodisciplina, debes comenzar con estos cuatro fundamentos.

Elije Uno de los Hábitos Fundamentales

Puede ser muy tentador tratar de abordar los tres a la vez, pero es mejor introducirse en este nuevo cambio suavemente. Simplemente elije un hábito para comenzar y empieza desde allí. Como hemos dicho, todos están interrelacionados, así que una vez que domines uno, es probable que los otros se pongan en orden. Comienza con el que te presenta el mayor desafío. Al centrarte en eso, crearás un pequeño efecto de onda que casi instantáneamente tendrá un impacto en tu vida.

Hablaremos de cada uno, a la vez, para que puedas decidir cuál será tu mayor desafío a superar. Para cada persona, el elemento principal será diferente. Si bien algunas personas no podrán dormir bien por la noche, otras pueden tener problemas para obtener alimentos nutritivos para comer. Cualquiera que sea tu mayor desafío, desde allí comenzará tu viaje hacia la autodisciplina.

Dormir: Tal vez te sorprenda saber que solo en los últimos 150 años hemos dormido tan poco como lo hacemos ahora. Hasta 1879, la persona promedio dormía diez horas por noche. Sin embargo, con la invención de la electricidad y la bombilla, las horas de luz pueden extenderse toda la noche si así lo deseamos. Esto significa que nuestros períodos de actividad ya no estaban limitados a cuando el sol se ponía. Como resultado, nuestros hábitos de sueño empezaron a cambiar gradualmente. Con cada generación sucesiva, nuestro tiempo de sueño se hizo cada vez más corto. Hoy en día, la persona promedio duerme solo siete horas por noche y algunos solo alrededor de seis. Esto significa que la mayoría del mundo ya está privado de sueño.

A lo largo de los años, numerosos estudios sobre el sueño han demostrado que incluso un pequeño porcentaje de las privaciones del sueño puede tener un efecto negativo en la forma en que funcionamos a lo largo del día. Si deseas controlar tu comportamiento, es esencial que tu sueño sea de buena calidad.

Es importante darse cuenta de que perder una buena noche de sueño no tendrá un efecto negativo duradero en tu cuerpo. Sin embargo, si habitualmente te privas de dormir, tendrá un impacto definitivo en tu funcionamiento. La privación del sueño es acumulativa. Si solo te faltan algunas horas de sueño por noche, es posible que no veas muchos cambios al principio, pero con el tiempo notarás que te quedarás dormido en momentos inusuales durante el día. Será difícil mantener el enfoque en las tareas y la condición empeorará progresivamente.

El adulto promedio necesita tener 7-9 horas de sueño cada noche. Lamentablemente, vivimos en un mundo donde dormir es un lujo que la mayoría de nosotros no podemos tener. Nuestras vidas no dejan mucho espacio para descansar, por lo que necesitas maximizar tu tiempo de sueño tanto como puedas. Si tu cuerpo no duerme lo suficiente, notarás las señales indicadoras si las buscas.

Si duermes instantáneamente cuando te acuestas, o si necesitas un reloj despertador para despertar por la mañana, es probable que ya no tengas sueño. Si te encuentras abrazando tu almohada y no quieres soltar las mantas por la mañana, o te sientes cansado y apático todo el día, estas son indicaciones claras de que necesitas dormir más en tu vida. Ya conoces la sensación cuando has tenido un buen descanso nocturno. Te despiertas lleno de energía y generalmente puedes mantener ese estado de alerta durante todo el día.

Entonces, ¿cómo puedes asegurarte de que estás durmiendo lo suficiente? Aquí hay algunos consejos que puedes probar.

- ➢ Asegúrate de que su dormitorio tenga el ambiente adecuado que te permita dormir. Debe ser oscuro, ausente de cualquier tipo de luz. La luz le dice a tu cerebro que es hora de estar despierto y evita que el cuerpo libere las hormonas necesarias para dormir. Cuanto más oscura sea tu habitación, más cómodo te dormirás.
- ➢ También debe ser fresco. Idealmente, la temperatura se debe establecer entre 65-70F.

➢ Necesitas estar tranquilo. Retira el televisor de tu habitación, debería ser un refugio donde puedas encontrar paz y tranquilidad. Si hay otros ruidos que se filtran a través de las paredes de tu habitación, apacígualos con ruido blanco o con un buen ventilador, lo que también puede ayudar a mantener el aire en circulación, ayudando a una mejor noche de sueño.

También es importante que tus hábitos diarios estén en línea con tus patrones de sueño. Mucho de lo que haces todos los días podría inhibir tu capacidad para dormir por la noche. Si eres un bebedor regular de cafeína, esto puede ser lo que te hace perder un sueño precioso. Considera hacer estos ajustes para ayudarte a extender tu tiempo para dormir.

❖ Restringe el consumo de cafeína a las horas de la mañana solamente. Muchas personas no se dan cuenta de cuánto tiempo permanece la cafeína en su sistema después de tomarla. Si agregas cafeína en tu dieta, intenta hacerlo lo más temprano posible en el día. Cualquier cosa que consumas en la tarde o noche debe ser descafeinado.

- ❖ También, considera limitar tu actividad física a más temprano en el día. De hecho, debes evitar realizar cualquier actividad física extensa o altamente extenuante menos de tres horas antes de planear dormir. Cuando estás muy activo físicamente, la temperatura central de tu cuerpo aumenta, y tomará tiempo para que caiga. La temperatura central es la temperatura de tus órganos vitales. Cuando es demasiado alta, hace que los vasos sanguíneos de la piel se dilaten para que el calor pueda escapar. También hace que sudes, ya que intenta que el cuerpo se enfríe. Si la temperatura es demasiado fría, los vasos sanguíneos se contraerán para conservar el calor. Idealmente, la temperatura de tu cuerpo debe estar entre 96.8 y 100.4 grados F. Tu cuerpo solo puede dormir si la temperatura central es baja. Cuando la temperatura es alta es cuando estás energizado y completamente despierto. Tomar medidas para bajar tu temperatura central puede hacer maravillas para ayudarte a dormir mejor.

- ❖ Otra actividad en la que pocas personas piensan es en sus hábitos alimenticios. Cuando comes, tu cuerpo tiene que generar más energía para digerir tus alimentos. Comer justo antes de acostarse hace que sea más difícil relajarse y quedarse dormido. Evita comer o beber cualquier cosa que no sea agua durante al menos tres horas antes de retirarse.
- ❖ Dejar de fumar. Todos conocemos y comprendemos la gran cantidad de problemas de salud asociados con el tabaco. Muchas personas tienen el hábito de fumar un cigarrillo antes de dormir, pero no se dan cuenta de que la nicotina en su sistema en realidad tiene un impacto negativo en su capacidad para dormir. La nicotina hace que la frecuencia cardíaca aumente, por lo que te sentirás más alerta cuando intentes relajarte. Esta droga de acción rápida ingresa a tu sangre y puede llegar a tu cerebro en cuestión de segundos y puede tomar horas antes de que comience a abandonar tu sistema. Durante ese tiempo, incluso si duermes, no

es un sueño reparador el que reabastecerá tu cuerpo y te preparará para el día siguiente.

Una vez que hayas aplicado todos estos pasos, comenzarás a notar que podrás dormir mucho mejor. Sin embargo, no quieres detenerte allí. Quieres asegurarte de desarrollar un horario de sueño constante y hacer todo lo posible para llevarlo a cabo.

Primero, determina exactamente cuánto sueño necesitas cada noche. Comienza por intentar ir a la cama a una hora que te permita tener entre 7,5 y 9 horas de sueño. Descubrirás tu cociente de sueño óptimo cuando puedas despertarte sintiéndote renovado sin la ayuda de un despertador o de alguien que te despierte, luego de haber encontrado tu cociente de sueño personal.

Adhiere este patrón de sueño acostándote todas las noches a la misma hora. Verás que incluso los fines de semana estarás feliz de meterte en la cama para que puedas disfrutar de esa forma de sueño valiosa y altamente rejuvenecedora. Cuando se trata de estabilizar tus patrones internos de sueño, deberás ser consistente.

Finalmente, comienza una rutina de pre-sueño preparando tu cuerpo y mente para dormir. La última hora antes de retirarte por la noche debe ser pacífica. Apaga todos los dispositivos electrónicos (sí, eso incluye el televisor, la computadora y los teléfonos celulares) y haz algo que te relaje la mente. Esto podría ser tomar un baño caliente, escuchar música tranquila o simplemente regresar a la actividad de lectura tradicional.

Nutrición: otro elemento físico que podría estar afectando tu autodisciplina es mantener la nutrición bajo control. A menudo nos han dicho que los alimentos que comemos son combustible para el cuerpo, pero también debemos entender exactamente cómo nos afectan diariamente nuestros hábitos alimenticios. Si bien la buena nutrición es importante para todos, a medida que envejecemos, se vuelve aún más importante. Necesitamos encontrar alimentos que repongan nuestros cuerpos, fomenten la buena salud, nos mantengan alertas y nos suministren energía para que podamos funcionar bien durante todo el día.

Las malas elecciones alimenticias suelen tener el efecto contrario. Es por esto que llevar una dieta balanceada te ayudará a mejorar tu capacidad para controlar tus hábitos diarios. Probablemente has oído hablar del dicho, somos lo que comemos. Eso significa que los alimentos que consumimos son los componentes básicos de quienes somos como personas. Si queremos tener prácticas saludables en nuestra vida como una buena autodisciplina, entonces debemos dar a nuestros cuerpos combustibles saludables.

Pero, ¿qué es un plan de nutrición saludable? Todos los días escuchamos a muchos expertos que valoran sus opiniones sobre lo que es bueno o no para nosotros. Algunos dicen elimina la cantidad de azúcar, otros dicen reduce la grasa, otros dicen que los carbohidratos son el enemigo, y otros están vigilando la sal. Literalmente, puede ser abrumador decidir quién está en lo cierto y quién está equivocado cuando se considera cuánta información contradictoria hay para analizar.

En lugar de analizar todas las opiniones de los expertos, es mejor atenerse a los hechos, aquellos que han demostrado ser beneficiosos para tu salud, respaldados por estudios y pruebas documentadas de su eficacia. Con esto en mente, esto es lo que sabemos sobre la creación de un plan de nutrición equilibrado.

1. Tu dieta debe incluir macro y micronutrientes para que obtengas todos los elementos esenciales que necesitas.
2. Necesitas mantener tus calorías a un nivel razonable
3. Evita comer alimentos procesados o que contengan productos químicos nocivos.
4. Intenta eliminar las grasas trans y el exceso de azúcares.

Independientemente de la dieta que elijas, si tienes en cuenta estos aspectos básicos, verás cómo mejora tu salud general. Asegúrate de que tu dieta incluya una dosis saludable de:

- Verduras de hoja verde porque contienen la mayoría de las vitaminas, minerales y fibra que necesitas.
- Incluye verduras y frutas coloridas como zanahorias, calabazas, tomates, naranjas, bananas, etc. Estas contienen muchas de las vitaminas y potasio que tu cuerpo necesita.

- Aprende a usar cebollas y ajos cuando cocines. Protegen al cuerpo de la inflamación y las infecciones que pueden ser causadas por bacterias o virus.
- Muchos tipos de frijoles pueden proporcionarte los minerales esenciales y las proteínas que necesitas.
- Las nueces y las semillas te ofrecen una buena dosis de proteínas y grasas saludables.
- Las proteínas se pueden encontrar en diferentes tipos de peces y aves de corral. Limita el consumo de carne roja porque se sabe que llevan a otros problemas de salud.
- Las grasas saludables son esenciales en cualquier dieta. Puede obtenerlas de fuentes como aceite de oliva, aguacates, nueces y semillas de girasol.
- Asegúrate de beber mucha agua todos los días. Esta debe ser la principal fuente de rehidratación de tu cuerpo. Además del agua, considera tomar café negro o té y limita el consumo de bebidas azucaradas y alcohol.

Esto puede ser un ajuste importante para la mayoría de las personas, así que no intentes hacerlo todo de una vez. Si intentas hacer estos cambios de una vez, en el mejor de los casos, tendrás éxito por un corto período de tiempo, pero eventualmente, te cansarás y te rendirás. Es mejor hacer este tipo de ajuste gradualmente, para no sentirse abrumado.

Comienza haciendo un pequeño cambio cada semana para que tu cuerpo tenga la oportunidad de adaptarse a la nueva forma de nutrición. Puedes comenzar eliminando una comida mala cada semana y reemplazándola por una buena comida. Por ejemplo, puedes comenzar por comer un poco de fruta en el desayuno y eliminar el azúcar de tu comida. Sigue haciendo este tipo de ajuste hasta que llegues al punto en el que tienes un desayuno saludable todos los días y luego comienzas a trabajar para perfeccionar tu comida del mediodía.

Otra cosa que debes tener en cuenta es el control de tu porción. Esto es tanto una práctica psicológica como física. Para evitar comer en exceso considera tomar estos pequeños pasos.

1. Utiliza platos más pequeños. Si simplemente cambias de un plato de 12 pulgadas a uno de

10 pulgadas, automáticamente comerás un 22% menos.
2. Para las bebidas, comienza a usar vasos más altos, pero asegúrate de que sean más delgados. Nuestros cerebros verán la altura agregada y pensarán que estás ingiriendo más cuando, de hecho, estás ingiriendo alrededor de un 20% menos.
3. Elimina los alimentos no saludables de tu línea de visión. Asegúrate de que tus opciones más nutritivas obtengan visibilidad primaria en tu hogar.

Al hacer un cambio más gradual a estos nuevos hábitos, será mucho más fácil administrar su nuevo plan de nutrición. Manejar tu nutrición consiste tanto en controlar tu entorno como en tomar las decisiones correctas sobre lo que debes poner en tu boca.

Muévete: Otra forma de obtener más control sobre nuestros cuerpos es a través del movimiento regular. Cuando lo piensas, solo en las últimas generaciones hemos vivido un estilo de vida muy sedentario. Incluso nuestras actividades regulares a menudo se gastan en una posición sentada. La mayoría de nosotros trabajamos detrás de los escritorios, nuestro entretenimiento a menudo es ir al cine o a un restaurante, y en casa, pasamos incontables horas jugando con nuestros aparatos y dispositivos. No hay mucha motivación para el movimiento en nuestras vidas.

Nuestros antepasados, que tienen exactamente el mismo ADN que nosotros, pasaron sus días corriendo, escalando, saltando, levantando y bailando como parte de su vida cotidiana. Tenemos que encontrar una manera de devolver todo eso a nuestras rutinas diarias. Tu cuerpo tiene más de un billón de células y cada una de ellas está diseñada únicamente para reconocer el movimiento. Eso significa que todo lo que hagas trabajará para ayudar a que tu cuerpo funcione mejor. Cuando incluyes movimientos regulares en tu vida, tu sistema inmunológico funciona mejor, al igual que tu reproducción y tus sistemas digestivos. Cuando no tienes suficiente movimiento, todo comienza a disminuir, incluyendo tu autodisciplina.

Esto no significa que ahora debes comenzar a pasar horas interminables en el gimnasio. Por supuesto, el ejercicio es definitivamente una forma de movimiento, tu vida es capaz de incorporar el movimiento en tus actividades diarias. Puedes decidir caminar a la tienda local en lugar de conducir, tomar las escaleras a la oficina en lugar del ascensor. Agrega algunos estiramientos a lo largo del día para alargar tus músculos para que funcionen mejor. Mientras le des a tu cuerpo el movimiento que necesita todos los días, comenzarás a ver una diferencia en el desempeño de tus funciones mentales.

Esto no significa que no puedas incorporar el ejercicio en tu vida, pero si bien puedes hacer ejercicio durante una hora al día, no verás mucho cambio si el resto del día es completamente sedentario. El movimiento debe ser parte de tu vida regular, ya sea que hagas ejercicio o no. Si haces ejercicio con regularidad, verás muchos más resultados si tienes un flujo constante de movimientos para darte más equilibrio.

Cuanto más movimiento puedas incorporar en tu vida diaria, más cambios biológicos ocurrirán en el cerebro. A medida que te embarques en tu meta de mejorar la autodisciplina, necesitarás esa capacidad mental adicional para ayudarte a dominar los pasos.

Cuando el cerebro aprende a adaptarse a cosas nuevas, debe hacer nuevas conexiones para hacerlo. El movimiento estimula al cerebro a liberar más neurotransmisores positivos (dopamina, serotonina y norepinefrina) que son esenciales para el desarrollo del cerebro. Además, el movimiento también aumenta la producción cerebral de la proteína BDNF, que fomenta un mayor crecimiento de las ramificaciones que llevan los mensajes de una neurona a otra.

Durante años, hemos entendido lo importante que es el movimiento para el cuerpo físico, pero recién ahora estamos empezando a comprender mejor cómo el cerebro también se ve afectado por él. Imagina cuánto mejor control tendrás de los procesos de pensamiento necesarios para mejorar tu autodisciplina si has agregado un poco más de movimiento en tu vida.

Nuevamente, no tienes que hacer un cambio importante en esta área. Comienza pequeño haciendo pequeños movimientos y luego crece desde allí. Por ejemplo, cada vez que prepares una comida en la cocina, puedes colocar alimentos esenciales en el gabinete más alto, por lo que tendrás que estirarte y alcanzarlos cada vez que los necesites. O, si trabajas en un escritorio, considera cambiar tu posición sentada cada quince o veinte minutos para trabajar en nuevos músculos.

Después de incorporar estos movimientos más pequeños en tu rutina diaria, puedes comenzar a agregar movimientos más grandes. Considera hacer algunos ejercicios fundamentales con una rutina de calentamiento por la mañana. Es posible que puedas hacer un par de abdominales o flexiones antes de comenzar el día. Obtén un podómetro y comienza a aumentar la cantidad de pasos que das a cada día. Luego, puedes cambiar tu movimiento a otro nivel incorporando aún más movimientos físicos como bailar, hacer yoga, Pilates o correr de forma regular.

Hay innumerables formas en que puedes incorporar el movimiento en tu rutina diaria. Al principio, puedes luchar con esto hasta que se convierta en un hábito. Es posible que debas agregar esto a tu programa hasta que llegues a un punto en el que puedas hacerlo automáticamente. Y, puedes manipular tu entorno para estimular más movimiento hasta que aprendas a hacerlo.

- Estaciona más lejos de su destino
- Coloca las cosas que necesita regularmente fuera de alcance
- Considera caminar cuando estás hablando por teléfono con alguien en lugar de sentarte

La clave aquí es aflojar el cuerpo con más movimiento para que pueda estimular tu cerebro. No te detengas con lo básico. A medida que dominas más movimientos, sigue buscando otras formas de mover tu cuerpo para fomentar una mejor función cerebral.

Meditación o Atención Plena: tu cerebro es una máquina que nunca se apaga. Incluso cuando estás durmiendo, el cerebro sigue funcionando, archivando la información que has acumulado durante el día, creando sueños para que los descifres y regulando los órganos vitales que deben estar funcionando para mantenerte vivo. La meditación puede ser una forma de darle a tu cerebro un descanso valioso.

Si lo intentas, solo por un minuto no pensar en nada, incluso por unos segundos, encontrarás que es literalmente imposible. Tu mente no sabe cómo dejar de trabajar. Este fenómeno se conoce como "charla mental"; Siempre hay cosas pasando en el fondo. Tan pronto como dejes de pensar activamente sobre lo que te concierne, comenzarán a surgir nuevos pensamientos.

Sin embargo, si bien no puedes desactivar el parloteo mental, es posible silenciarlo, pero para eso necesitas entender lo que realmente está sucediendo en tu mente.

Dos Mentes

La mayoría de las personas son conscientes de que la mente no es solo una simple corriente de pensamientos que fluyen a través de ella. Si bien eso es definitivamente parte de esto, hay dos cosas que suceden al mismo tiempo. Primero, tu mente consciente está ocupada averiguando qué va a hacer en el trabajo todos los días, decidiendo qué va a preparar para la cena y, probablemente, preocupándose por si tu jefe va a descubrir el error que cometiste o no. ayer. Esto a menudo se conoce como la "mente pensante". Pocas personas se dan cuenta, sin embargo, de que también hay otra mente que también está constantemente trabajando, llamada la mente subconsciente o la "mente observadora".

Cuando tu mente pensante está activa, es casi imposible controlarla. Pasas una panadería en la calle y el aroma puede enviarte automáticamente a la cocina de tu abuela. Escuchas tu canción favorita en la radio y vuelves al día de tu boda. Cualquier sugerencia sutil puede enviar tus pensamientos en una dirección u otra antes de que te des cuenta. No importa si quieres pensar esos pensamientos o no, simplemente aparecen sin previo aviso y no importa cuánto trates de domarlos, esos pensamientos continuarán reapareciendo hasta que aparezca algo más que te distraiga.

Curiosamente, lo mismo se puede decir de nuestras emociones. El pensamiento entra en nuestra cabeza y antes de que te des cuenta, las emociones te siguen, así que si tienes pensamientos negativos sobre algo, ¿adivina qué? Vas a desencadenar emociones negativas de ellos. Entonces, ¿qué podemos hacer para detener la avalancha de pensamientos negativos y emociones que pueden estar dictando nuestro comportamiento y causando que perdamos el autocontrol?

La realidad es clara: si queremos deshacernos de los sentimientos negativos (ira, celos, miedo y tristeza), debemos comenzar a hacer algo para cambiar nuestro patrón de pensamiento. Ya hemos dicho que no podemos controlar los pensamientos que fluyen a través de nuestras mentes, aparecen inesperadamente en los momentos más inoportunos. Sin embargo, podemos aprender a controlar cómo respondemos a esos pensamientos cuando aparecen, en esencia, a través de la meditación, puedes aprender a no alimentarlos.

Solía ser que mucha gente pensaba que la meditación era la práctica de vaciar la mente de todos los pensamientos, pero ahora que entendemos que eso es imposible, tenemos una comprensión mucho mejor de lo que sucede. No se trata de detener el flujo de pensamientos que recorren nuestras mentes, sino el hecho de canalizar nuestra mente observadora para que se centre en nuestros pensamientos de una manera muy específica.

Cuando meditas, realmente aumentas tu metacognición o tu capacidad para analizar lo que estás pensando. Cuanto mejor hagas esto, más fácil será no permitir que esos pensamientos negativos te atraigan. Fortaleces tu mente observadora al darte cuenta de lo que está sucediendo tanto en tu mente como en tu cuerpo. A medida que mejores esto, estarás más consciente de lo que está sucediendo en tu mente y cuerpo y podrás responder mejor.

Hay muchos beneficios para la meditación regular. En primer lugar, la meditación regular puede reducir la amígdala, la parte del cerebro responsable de los miedos y las emociones. Al mismo tiempo, la corteza prefrontal, la parte del cerebro responsable de tu sentido de conciencia, concentración y toma de decisiones (todas las cualidades necesarias para la autodisciplina) se vuelve más gruesa. Al igual que el ejercicio físico puede fortalecer tus músculos, la meditación fortalece la función cerebral.

Cuando se trata de autodisciplina, puede tener un efecto importante. Cuando usas la meditación para calmar esas emociones involuntarias, no tomas tus pensamientos y sentimientos demasiado en serio. Aprendes a ver tus pensamientos desde una perspectiva externa. Entonces puedes identificarlo y seguir adelante. En esencia, aprendes que los pensamientos negativos no son un reflejo de la realidad, sino que es más probable que tu cerebro cree escenarios que nunca han ocurrido y que tal vez nunca sucedieron.

Una vez que entiendes que pensar no es lo mismo que la realidad, es mucho más fácil controlar los sentimientos negativos. Luego puedes aprender a identificar un problema y tomarte el tiempo para tomar una decisión mejor informada. Cuando hagas esto, comenzarás a ver que tienes un patrón de comportamiento más controlado y tendrás un mejor control de tus acciones.

Como Meditar

Hay muchas maneras diferentes en que puedes meditar. Tu objetivo no es encontrar la forma correcta de meditar, sino encontrar una forma de meditación que puedas hacer y convertirla en un hábito diario. Aquí hay algunas pautas básicas para ayudarte a comenzar.

> ➢ Hazlo simple. No hay necesidad de encontrar la posición correcta o de cantar una frase en particular o de permanecer perfectamente quieto por un período de tiempo. Puedes comenzar primero

sentándote en una silla y observando tus pensamientos durante un minuto. Desde allí puede extender la cantidad de tiempo y practicar más a medida que avanza.

➢ Decide cuándo meditarás. Algunas personas prefieren practicarlo por la mañana cuando su mente está fresca, mientras que otros intentan hacerlo por la noche. No hay un momento exacto correcto o incorrecto para meditar. Puedes elegir hacerlo después del desayuno, antes del desayuno o en cualquier otro momento del día. La clave aquí es elegir un momento y atenerse a él, hacerlo coherente para que pueda desarrollar las habilidades y la práctica.

➢ Encuentra un lugar tranquilo. Cuando meditas quieres estar en un lugar libre de distracciones. Encuentra un lugar al que puedas escapar por un par de minutos sin que te molesten.

➢ Encuentra una posición cómoda. Algunas personas están perfectamente cómodas en la posición de loto, pero no tienes que sentarte de esa manera. Puede elegir sentarse en su sofá, en el piso o en una silla. La posición no es tan importante como la comodidad. Si no te sientes cómodo mientras meditas, no podrás mantenerte así por mucho tiempo.

La meditación simple es solo tomarse el tiempo para observar los pensamientos que pasan por tu mente como un extraño. Una vez que comiences a hacer esto, te sorprenderás de los pensamientos que controlan tus emociones. Cuando puedas identificarlos, puedes elegir un enfoque completamente diferente de cómo reaccionas ante ellos, que es el primer paso concreto hacia una mejor autodisciplina.

Reconoce que muchos de esos pensamientos no son realidad y una vez que te des cuenta de eso, perderán su poder sobre ti. Compara lo que está pasando en tu mente con lo que es real, y sabrás qué decisiones son correctas.

Puedes meditar en todos los aspectos de tu vida, pero al principio, sería mejor seleccionar uno o dos hábitos en los que quieras centrarte en cambiar. Cuando te concentras en hábitos específicos, estás practicando la atención plena, otra forma de meditación.

Por ejemplo, es posible que desees trabajar en tu capacidad para despertarte a una determinada hora todos los días. En las mañanas, puede que te acuestes en la cama y te concentres en los sonidos del exterior cuando te despiertas. Cuanto más centres tu cerebro en estas cosas, más podrá tu cuerpo responder a esas señales para despertarte en la mañana.

Puedes usar la atención plena para concentrarte en mejorar tus hábitos alimenticios. Al concentrarte en la comida frente a ti en lugar de mirar televisión o hablar por teléfono, estarás más consciente de los alimentos que ingieres. Esto llevará a tomar mejores decisiones cuando se trata de una buena nutrición.

La atención plena también puede influir en la cantidad de ejercicio que elijas realizar. Sal a caminar, concéntrese en la respiración y tus alrededores. Empieza a concentrarte en el entorno y, en poco tiempo, ya no tendrás ganas de hacer ejercicio. Aprenderás a apreciar las cosas que te rodean y no te molestará estar afuera.

Como con todas las otras sugerencias hechas hasta ahora, ponte cómodo. Comienza simplemente y aumenta gradualmente. Puede que te sientas aburrido e incómodo al principio, pero a medida que tu mente observadora comienza a revelarte más cosas sobre ti mismo, encontrarás que el ejercicio es mucho más interesante.

Capítulo 3

Tu Propósito, Tu Misión

Ahora que has preparado tu mente para una mejor confianza en ti mismo, es hora de preparar también el corazón. A través de innumerables años de estudio e investigación, hemos aprendido que el cerebro nunca deja de crecer. En la siguiente sección vamos a hablar sobre lo que también sucede en el cerebro, pero nos referimos a él como un trabajo del corazón, ya que trata más directamente cómo nos sentimos con respecto a las cosas.

Hay dos tipos de procesos mentales que se conectan directamente con tu actitud sobre algo. Puedes tener una mentalidad fija, lo que significa que crees que tu personalidad y tus cualidades individuales son fijas y que no se pueden cambiar. Por otro lado, la mentalidad de crecimiento significa que crees que es una persona que está en continuo desarrollo y que tus rasgos únicos se pueden cambiar o ajustar con el tiempo.

Como puedes ver, si deseas aumentar tu autodisciplina, entonces necesitas tener una mentalidad de crecimiento. A lo largo de este libro, se te pedirá que realices ciertos cambios en tu vida, pero si tienes una mentalidad fija, puedes comenzar a presentar excusas. Así es como soy, o es mi personalidad, nací con eso. Este tipo de actitud definitivamente se interpondrá en tu capacidad para realizar los cambios necesarios para mejorar tu autodisciplina.

Hay otros desafíos para aquellos con una mentalidad fija. Pueden sentir que constantemente tienen que reinventar la rueda para convencerse a sí mismos y a los demás de que tienen la capacidad de hacer algo. Mientras que la mentalidad de crecimiento, elimina esa necesidad por completo. Tu visión personal de cómo interactúas con el mundo estará llena de experiencias completamente nuevas a cada paso. No esperarás ser perfecto porque ves todo como una nueva experiencia de aprendizaje. Es más probable que asumas más desafíos, continuarás persiguiendo ciertos objetivos hasta que los hayas alcanzado y no te desanimas ante los contratiempos. Encontrarás algo nuevo en cada experiencia y entenderás que no necesitas ser perfecto cada vez que pruebes algo nuevo.

Hay una gran diferencia entre los dos. Sin embargo, si tienes una mentalidad fija, no significa que no puedas cambiar, solo tienes que creer que puedes hacerlo. Si no llegas al punto en el que crees que es posible, no tomarás los pasos necesarios para probar las estrategias enumeradas aquí o para desarrollar otras habilidades que quieras dominar en la vida.

Solo tú sabes si tienes una mentalidad fija o no. Si la tienes, entonces lo primero que debes hacer es cambiar tu sistema de creencias. Piensa en algunos de estos hechos:

- ❖ El cerebro consta de 100 mil millones de neuronas, cada una de las cuales tiene aproximadamente 50,000 conexiones con otras células para transmitir tus pensamientos sobre cosas que ya sabes y estás aprendiendo.
- ❖ Esto significa que el número de conexiones entre todas las neuronas en tu cerebro en realidad excede el número total de átomos en todo el universo.

❖ Las vías neuronales que esto crea en tu cerebro están cambiando constantemente

Después de haber meditado en esos números, piensa en tu edad y cuánto has aprendido en tu vida. ¿De verdad crees que tu cerebro ha alcanzado su capacidad máxima de aprendizaje durante esos años? Tienes la máquina de aprendizaje más avanzada a tu disposición y todo lo que necesita es que la pongas en uso. El poder de aprendizaje de tu cerebro no tiene límites; es solo lo que crees en tu corazón lo que frena tu habilidad para hacer cambios.

Si ya tienes una mentalidad de crecimiento, entonces puedes omitir el siguiente paso, pero creo que la mayoría de se quedarán aquí y seguirán las instrucciones. Incluso con la mentalidad de crecimiento, hay momentos en que puedes dudar de tus habilidades, y esta es una excelente manera de recordar que puedes hacer más de lo que crees. Al mismo tiempo, reconocer aquellas cosas que nos hacen dudar de nuestra capacidad de hacer cambios cuando nos encontramos con ciertos obstáculos.

Vuelve a tus sesiones de meditación donde aprendiste a observar tus pensamientos. Cada vez que necesites enfrentar un nuevo desafío por el que no estás seguro del resultado, los pensamientos negativos inundarán tu mente. Toma nota de lo que son esos pensamientos; sabrás que provienen de una voz de mentalidad fija que te dice que el objetivo no es posible.

Siempre que surjan estos pensamientos, recuerda que tienes una opción. Puedes optar por creer tu voz negativa, o puedes ignorarla por completo y aplicar las estrategias para ver qué resultados obtienes. Incluso puedes responderte a ti mismo, tener un diálogo interno en el que trabajas para convencerte de la posibilidad. A medida que continúes desafiando esos pensamientos internos negativos, tu sistema de creencias empezará a desmoronarse, creando espacio para que entren pensamientos más optimistas y positivos. Ahora, estás en posición de actuar y comenzar a trabajar hacia tu objetivo.

Encontrar Tu Propósito

Has escuchado la expresión, un as de todos los oficios y un maestro de nada. La forma más fácil de alcanzar un objetivo es concentrarse en una cosa a la vez. La persona que intenta hacer demasiadas cosas a la vez rara vez hace algo bien. Cuando tu pensamiento se dispersa, es difícil concentrarse en lo que es importante, lo que puede ser muy limitante, frustrante y desalentador.

Esto requiere un poco de modestia. La persona que está dispuesta a aceptar el hecho de que no puede hacerlo todo se dará cuenta de que ha reducido mucho el estrés que ha invitado a su vidas, y está mejor capacitada para concentrarse en la tarea que tiene delante. Esto no significa que un día no puedas lograr todo lo que te propusiste, pero ser lo suficientemente realista como para admitir que no puedes aprenderlo todo al mismo tiempo.

Entonces, tu próxima estrategia para mejorar tu autodisciplina es reducir el enfoque a un tamaño manejable. Hágase estas preguntas:

- ❖ ¿Qué me gusta hacer?
- ❖ ¿En qué tipo de cosas soy bueno?
- ❖ ¿Para qué está dispuesta la gente a pagarme?

Cuando solo tiene una meta que alcanzar, no tienes miedo de dividir tu tiempo entre muchas cosas diferentes y puedes concentrar todas tus energías en perseguir esa única meta en particular. Este es el tipo exacto de enfoque necesario para impulsar la autodisciplina en la dirección correcta.

Al hacer tu lista, encontrarás que muchas de tus respuestas se superpondrán. Por ejemplo, si te gusta cocinar, eres bueno en eso y la gente está dispuesta a pagarte, tendrás los tres elementos involucrados en esa habilidad. Esto serviría como un incentivo para desarrollar esa habilidad. Ahora, vamos a hablar de esto con un poco más de detalle.

¿Qué me gusta hacer? Hay muchas cosas que nos gusta hacer. A la mayoría de nosotros nos encanta escuchar y bailar música, deportes, viajar o simplemente pasar tiempo con nuestros amigos. Puedes terminar con una lista bastante extensa de cosas que realmente disfrutas haciendo, pero no basta con tener una pasión por esas cosas. Puede que te guste bailar, pero si no eres bueno en eso, no podrás convertir eso en algo que la gente esté dispuesta a pagar. Esto no significa que todo lo que persigas tiene que ser una empresa para hacer dinero, pero agregar ese elemento adicional podría ser la clave para aumentar tu autodisciplina más adelante.

¿En qué tipo de cosas soy bueno? Si bien tu primera lista será bastante extensa, esta lista reducirá tus opciones mucho más. Muchas veces, cuando eres realmente bueno en algo, es posible que ni siquiera te des cuenta de inmediato. Estos talentos por lo general son muy naturales para nosotros y los vemos como parte de la vida y no como una fuerza o habilidad en particular.

Es posible que necesites la ayuda de alguien cercano para que te ayude con este aspecto. También puedes tomar algunas pruebas de personalidad, como la que se encuentra en 16personalities.com, que puede ayudarte a limitar el enfoque a través de varias pruebas en línea gratuitas. Estos tipos de pruebas son sorprendentemente precisas y pueden revelar mucho sobre ti que nunca antes habías conocido.

¿Para qué está dispuesta la gente a pagarme? Si bien tu objetivo puede no ser que te paguen por algo que te encanta hacer, te ayuda a obtener una visión real de cómo el resto del mundo valorará las habilidades y los talentos que esperas desarrollar. A qué tipo de personas podrás ayudar y cómo puedes usar esas habilidades en las relaciones con los demás.

Cuando estés reduciendo tu enfoque, asegúrate de que el área a la que deseas dirigirse primero en tu programa de autodisciplina esté en las tres listas. De esta manera, le asegurarás participar en una parte importante de tu vida y no en un simple pasatiempo o interés personal. Al hacer este ejercicio, puedes concentrarte en tu enfoque y encontrar tu propósito en la vida. Es una situación de ganar-ganar que aumentará tu autodisciplina de muchas maneras.

Qué Quieres Lograr

Cuando se trata de la autodisciplina, el mayor desafío es descubrir cómo mantenerse alejado de tu propio camino. Estás librando una batalla contra ti mismo. Eres tú mismo quien te está reteniendo de las cosas que quieres lograr. Una forma de evitar que esto suceda es afinar tu conciencia de tus objetivos finales.

Cuando se envía un Oficial de la Marina en una misión, se enfrentan a obstáculos en cada giro.

Algunos de estos desafíos serán conocidos antes de establecer otros que no conocerán hasta que estén cara a cara con ellos. Son plenamente conscientes de que no pueden controlar todas las situaciones a las que se enfrentarán y pueden esperar que, en algún punto del camino, alguien intente detenerlos.

Entonces, ¿qué hace que la autodisciplina de un Oficial de Marina sea tan fuerte? Saben exactamente lo que se proponen lograr antes de comenzar. Saben que esperan lo inesperado y están preparados para usar su entrenamiento y disciplina para lograr su resultado final. Tienes que acercarte a tu vida con la misma mentalidad. Tener un objetivo final claro en mente puede ser una herramienta poderosa para mantenerte en el camino y evitar muchos de los trucos del auto-sabotaje.

Cuando tienes un objetivo claro frente a ti, es mucho más difícil distraerte. Estarás mejor equipado para ver cómo todo te estás encaminando a tu manera y puedes desarrollar estrategias para evitar esas prácticas o eliminarlas por completo. Es imposible lograr un objetivo si nunca lo estableces. Primero debes decidir exactamente lo que quieres de la vida y luego usarlo como una guía para cada decisión que tomes. Ya sea que tu meta sea ganar más dinero o perder peso, es tu preparación mental la que te ayudará a desarrollar los hábitos de autodisciplina y motivación.

Piensa como un Oficial de la Marina. No abandonan algo porque encuentran un obstáculo; se anticipan a los desafíos y desarrollan un plan que les permite adaptar su enfoque cuando sea necesario. Sin embargo, todo comienza con su conocimiento del final antes de que empiecen.

Todo esto comienza con "porqué" haces lo que haces. No importa dónde estés iniciando esta empresa, estás leyendo este libro para hacer un cambio. Eso significa que en algún lugar dentro de ti hay un "porqué" que debes mostrar. Tómate un tiempo para reflexionar seriamente sobre esto. Una vez que hayas identificado tu "porqué" y lo hayas conectado a un propósito mayor, encontrarás más incentivos para seguir avanzando a pesar de los obstáculos que inevitablemente tendrás.

Preparando Tu Mente

La mayoría de las personas que carecen de autodisciplina suelen aplicar su fuerza de voluntad de forma arbitraria. Las personas que hacen dieta por ejemplo. Aplican su fuerza de voluntad al comienzo de la dieta, emocionados por ver los resultados. Pero, después de unas pocas semanas con poco que mostrar por sus esfuerzos, esa fuerza de poder comenzará a disminuir y las tentaciones los distraerán fácilmente. En el corazón de esta preparación mental está tu motivación.

Todos tenemos algún nivel de motivación, pero no lo tenemos en un suministro infinito. Por lo tanto, debemos buscar internamente nuevamente para descubrir cuál es nuestra fuerza motivadora para poder aprovecharla y ayudarnos a alcanzar nuestros objetivos. Cuando estamos más motivados, nuestros cuerpos tienen más combustible para avanzar a pesar de los obstáculos. Para mantener niveles óptimos de motivación, incluso entre las personas más apasionadas es saber exactamente qué es lo que te impulsa a actuar.

Sin embargo, antes de que podamos hacer eso, necesitamos definir qué es realmente la motivación. La palabra proviene de la antigua palabra "motivus", que significa movimiento, una necesidad interna, que estimula a las personas a la acción. Cuando te sientes motivado, tu cuerpo generalmente se siente entusiasmado con lo que está por venir. Lamentablemente, sin embargo, la mayor parte de lo que necesitamos para la autodisciplina no es en lo más mínimo emocionante. Por lo tanto, tenemos que descubrir formas de motivarnos cuando las cosas que debemos hacer no son tan atractivas como nos gustaría que fueran.

Si sabes tu "porqué" ahora tienes un ancla que te pondrá a tierra y te dará la energía y el deseo de superar los desafíos que enfrentas. La "luz al final del túnel" puede convertirse en una poderosa fuerza motivadora para que lo atravieses.

Es importante no pasar por alto este punto. Muchas personas dirán automáticamente que el dinero, la fama o el poder están en el lugar de su motivación. Sienten que si sus jefes quisieran darles más dinero, más reconocimiento o más exposición, definitivamente se esforzarían más para lograr sus objetivos. En la superficie, esto puede parecer el motivador obvio en todos. Sin embargo, la investigación ha demostrado que estas cosas no están en el corazón de la motivación real.

Si bien las personas pueden decir que quieren poder, dinero, control, etc., esto solo es bueno para la motivación a corto plazo. Lo que realmente alimenta los corazones de la mayoría de las personas es la necesidad de validarse. Muchas personas que quieren el poder pueden querer más autonomía y libertad para hacer lo que quieren hacer. Aquellos que desean más dinero pueden desear secretamente adquirir las cosas que creen que solo el dinero les traerá. Ten en cuenta que es muy probable que tu primer pensamiento sobre la motivación no sea el correcto, pero si lo examinas más a fondo, es probable que descubras la verdadera razón por la que te sientes inspirado para hacer las cosas.

Hay dos tipos diferentes de motivadores: intrínsecos y extrínsecos. Los motivadores extrínsecos son aquellos que dependen de eventos externos para cumplirlos. Tu jefe te da un aumento, el movimiento del mercado de valores o tu esposa recordando tu aniversario. Los motivadores intrínsecos son aquellos que provienen de ti y generalmente se basan en tus necesidades y deseos individuales.

Mientras te analizas a ti mismo, ten en cuenta que tu conocimiento de estos motivadores y cómo los utilizas son la clave para mejorar tu autodisciplina. Todos necesitamos lo esencial de la vida y, si te faltan algunas de esas cosas, pueden ser poderosos incentivos para llegar a tiempos mejores. Sin embargo, una vez que tenemos los elementos básicos en su lugar, nuestros motivadores se vuelven más internos. Entonces somos impulsados por la necesidad de satisfacción personal, placer y satisfacción en la vida. Esto puede significar trabajar horas extras para pagar las vacaciones que deseas o presionar con fuerza para establecer una relación sólida con los demás. Sin embargo, lo más importante en este punto es que sabes qué te motiva, por lo que puedes usarlo para alimentar tu autodisciplina.

Obtener La Mentalidad Correcta

Otra forma en que puedes preparar tu mente es definir tus limitaciones dentro de un área determinada. Podrías ser un chef competente y saber cómo preparar cientos de deliciosos platos, pero eso no significa que tengas que ser un experto en cocina china, árabe, francesa y sueca. Tienes que definir de lo que eres realmente capaz y apegarte a ese reino.

Tomemos a Julia Child's por ejemplo. Todos la conocen como una chef de fama mundial, y aunque ha intentado preparar muchos platos de todo el mundo, es más conocida por su cocina francesa. Lo mismo se puede decir de Martha Stewart, se ha concentrado en un área de entretenimiento con la que se siente más cómoda.

Cada uno de nosotros tiene un cuerpo de conocimientos único en áreas en las que sentimos que somos expertos y con conocimientos limitados en otras áreas. Tu éxito no depende de conocer cada bit de información en tu área en particular, pero puedes definir un nicho específico en el que seas experto, lo que te dará una perspectiva única a medida que persigas tus objetivos.

Ninguno de nosotros es perfecto y nuestro esfuerzo por ser la única persona que lo sabe todo y es un experto nos hará girar ruedas sin fin que retrasarán nuestra capacidad de lograr el éxito. Cuanto más esfuerzo pongas en perseguir tus objetivos en lugar de tratar de lograr lo imposible, más confianza obtendrás y mejor autodisciplina tendrás.

Cómo Funciona Tu Cerebro

Está claro que muchos de nosotros perdemos nuestro autocontrol porque no tenemos ni idea de cuál es realmente nuestro objetivo o nuestro propósito. Eso es solo una parte del problema. Otra gran parte de esto está en cómo nuestros cerebros realmente manejan nuestros impulsos y nuestra fuerza de voluntad. Si bien esta investigación aún se encuentra en sus etapas iniciales, hemos aprendido algunas pistas muy valiosas para ayudarnos a comprender mejor a nosotros mismos.

Tomemos como ejemplo perder peso. Cuando intentamos perder peso, tenemos que tomar muchas decisiones diferentes sobre qué comer. Pero el cerebro no está pensando en términos de que esto es bueno y eso es malo. En su lugar, es el procesamiento de los datos históricos que ha suministrado anteriormente. Esto es saludable y eso no, o esto es bueno para mi salud y eso no lo es.

Es obvio qué decisión será la más beneficiosa, pero los respondedores generalmente se dividen en dos grupos diferentes. A pesar de que muchos saben que el helado no es la mejor opción cuando están a dieta, optan por el gusto por la salud. Esto se debe a que la corteza prefrontal medial ventral se involucra en tales decisiones ya que es responsable de hacer juicios de valor en la mente.

Hay otra área del cerebro que también se involucra. La corteza prefrontal dorsolateral, que puede influir en la decisión al influir en la otra parte del cerebro. Cuando estas dos partes interactúan y trabajan juntas, las personas tienden a tener un mayor autocontrol, ya que pueden equilibrarse entre sí. Parece que la relación entre las dos regiones sugiere que todos tenemos cierta conciencia de nuestras habilidades de autocontrol antes de tomar una decisión.

La pregunta entonces es: ¿tenemos la capacidad de cambiar el funcionamiento de nuestro cerebro cuando demostramos una falta de autocontrol? Si bien no hay un medicamento que pueda estimular las dos partes para que trabajen en conjunto, es posible que la incapacidad de uno para demostrar la autodisciplina pueda estar relacionada con otros medicamentos que podamos estar usando.

Los neurólogos han aprendido que mientras todos nosotros usamos la misma área del cerebro para tomar decisiones basadas en estos valores, hay una segunda región que trabaja más para gobernar y modular la actividad de esa sección del cerebro. En otras palabras, un área del cerebro toma la decisión, pero una segunda área del cerebro la supervisa y ejerce cierta cantidad de control sobre ella. Esta segunda área inserta factores más abstractos que se aplican a la situación dada en la ecuación.

Este conocimiento nos ayuda a comprender cómo el autocontrol se produce realmente en el cerebro. También nos puede dar una idea de cómo se involucra el proceso de toma de decisiones. La clave, entonces, es fortalecer esa área del cerebro que es responsable de supervisar el proceso de toma de decisiones, pero regularmente va más allá de los gustos y disgustos básicos e inserta los conceptos abstractos que podrían afectar una decisión.

Por ejemplo, al sopesar decisiones basadas en si algo es saludable o no, el desarrollo de estrategias defensivas para ayudarnos a evitar la salida fácil podría ser el secreto. Imagina a una persona a dieta que elige entre un alimento saludable y uno que no es saludable, la coliflor versus el helado. La opción obvia para una buena salud es la coliflor, pero la opción preferida entre la mayoría de las personas sería el helado.

Como a la mayoría de las personas no les gusta la coliflor, una persona a dieta puede optar por reemplazar la coliflor con un alimento más neutral en lugar de las dos opciones obvias; Los tomates y los aguacates, por ejemplo, los ayudarán a equilibrar sus necesidades dietéticas sin sentirse culpables. Luego, con el tiempo, podrán aumentar gradualmente su resistencia hasta el punto en el que elegirán la coliflor en lugar del helado porque tomarán una decisión basada en la salud en lugar de en qué sabe mejor.

Capítulo 4

Diagnóstico de tus Problemas de Autodisciplina

Ahora, es hora de ponerse un poco personal aquí. Como ya hemos dicho, todos tenemos algún nivel de autodisciplina. Piensa en el niño que no quiere comer sus vegetales; ninguna cantidad de lógica o razonamiento, y en algunos casos, el castigo puede hacer que disuade de ese impulso. La autodisciplina es abundante en todos nosotros cuando hay algo que realmente no queremos hacer. Sin embargo, el desafío al que todos nos enfrentamos es canalizar esa misma fuerza de voluntad hacia áreas donde estamos menos inclinados a mostrar resistencia.

Ese tipo de disciplina es lo que se necesita si alguna vez esperas lograr esos grandes objetivos que tienes para tu futuro. Todos nosotros tenemos un deseo interno de mejorar nuestra suerte en la vida, pero es nuestra falta de autodisciplina lo que a menudo nos aleja del camino hacia nuestro destino. Cuando eso sucede, a menudo culpamos a otros por nuestros propios defectos. La economía es mala en este momento, no hay opciones de alimentos saludables aquí, mi jefe no quiere darme un aumento. Si bien todos estos pueden tener cierto grado de verdad, la realidad es que si estuviéramos verdaderamente decididos a alcanzar ese objetivo, ninguno de esos problemas nos hubiera detenido.

El grado de confianza en sí mismo que tienes determina la facilidad con la que esas excusas te sacarán del camino elegido. Es posible que como muchas otras personas, ni siquiera te des cuenta de cómo estás contribuyendo a ti mismo a tus propias diversiones. Para comprender mejor esto, debes mirar con frialdad tu vida cotidiana y aprender las formas en que te has saboteado a ti mismo y tus esfuerzos en el pasado. Te sorprenderás al saber qué tanto de tus acciones influyen en cómo reaccionas ante esos obstáculos externos. Si bien otros se están interponiendo en tu camino, es muy probable que tus propios pensamientos y hábitos internos contribuyan a tu falta de autodisciplina.

Lo que se está Metiendo en tu Camino

Objetivos poco realistas: Uno de los obstáculos comunes que pueden interponerse en el camino es prepararnos para el fracaso desde el principio. Tenemos sueños más grandes de lo que cualquiera de nosotros es realmente capaz y podemos emprender con las mejores intenciones, nuestro entusiasmo es alto, pero las expectativas poco realistas nos vencerán y comenzaremos a disminuir y fracasaremos.

Cuando establecemos nuestras metas, generalmente no tomamos en cuenta nuestros hábitos y rutinas regulares. Nos imaginamos al final del viaje y no como lo estamos haciendo. Esto nos da mucha esperanza al principio, pero cuando nos encontramos con la primera resistencia, rápidamente nos agotamos y volvemos a caer en nuestros malos hábitos habituales.

Como explica un profesor de psicología, Peter Herman, cuando luchamos por los extremos, no hemos entendido realmente la dificultad del desafío que tenemos por delante. Si bien podemos comenzar con mucho entusiasmo por el proyecto, no podemos mantener ese impulso, lo que inevitablemente llevará al fracaso. Al principio, es posible que tengas una comprensión clara de lo que quieres lograr, pero no te has preparado para los desafíos que enfrentas al esforzarte por alcanzarlos. Esta claridad comienza a desvanecerse ante la adversidad y será reemplazada por todas esas cosas tentadoras que te resultan difíciles de resistir. Al final, tus metas quedarán de lado a medida que optes por cosas que sean más cómodas y fáciles de manejar. Recuerda, nuestros malos hábitos y nuestro poco autocontrol no desaparecerán simplemente porque lo haremos. Tendrás que ser proactivo cuando se trata de cambiar malos hábitos y esto no sucederá de la noche a la mañana. Si bien deseas establecer metas positivas para ti mismo, siempre debes mantener las metas dentro del ámbito de lo posible y, para hacerlo, debes ser consciente de lo que es posible y de lo que no. Esto no significa que no puedas lograr lo imposible. Pero tus metas deben establecerse en etapas alcanzables, para que no solo puedas imaginar tu éxito sino también planificar formas de superar los obstáculos que inevitablemente enfrentarás.

La procrastinación: otro tacto de auto-sabotaje que quizás no sepamos que estamos usando es la procrastinación o postergación. Muchas personas pueden descubrir que son capaces de realizar ciertas tareas pero lo postergarán mientras esperan las condiciones perfectas. Un escritor no quiere comprometerse con el trabajo que tiene por delante porque está esperando inspiración, un corredor elige no correr porque podría llover o un trabajador suspende su proyecto porque está esperando las herramientas adecuadas.

El problema con todos estos escenarios es que ninguno de ellos impedirá que logres tus objetivos. Es posible que tengan la capacidad de ralentizarlo, pero la carrera sigue corriendo, llueva o no. A menudo hay excusas que te permiten convencerte de que una tarea no se puede realizar a menos que las condiciones sean ideales.

Esta es una imagen de cuento de hadas de la vida real, pero no es una expectativa real de cómo funciona el mundo. Nada constituirá la combinación perfecta de experiencias y esas condiciones nunca existirán realmente. Incluso si todos los elementos para lograr un determinado objetivo están justo frente a ti, es solo una cuestión de tiempo antes de que algo más llegue y desvíe tus esfuerzos.

Esto no significa que no tendrás dudas sobre tu trabajo; Esto es sólo la naturaleza humana. Tendrás que encontrar una manera de lograr un equilibrio entre el entusiasmo por el proyecto que deseas lograr y las dudas internas sobre tus posibilidades de éxito. Sin embargo, si nunca comienzas, posponiendo ese momento que nunca llegará, nunca tendrás la oportunidad de darte una palmada en la espalda y darse ese bien merecido y edificante bien hecho.

Una forma de combatir esta tendencia es aplicar lo que se llama la Regla del 75%. Básicamente, significa que, teniendo en cuenta todos los aspectos, debes comenzar a trabajar para alcanzar tu meta cuando hayas alcanzado el 75% de preparación. Cuando te des cuenta de que nunca alcanzarás ese nivel del 100%, comenzarás a ver que el 75% es una opción mucho más realista.

Decidir que vas a ser más disciplinado rara vez funciona. Es un hábito y solo puede fortalecerse si eliges ejercitarlo, por lo que cuanto antes te des cuenta de que necesitas comenzar a mejorar tu autodisciplina, estarás menos inclinado a postergar tus metas futuras.

Racionalización: hablar de darnos una palmadita en la espalda también puede ser una forma de auto-sabotaje. Algunos de nosotros tenemos la tendencia a sentarnos y relajarnos una vez que ya hemos logrado algunos objetivos. Nos felicitamos demasiado y sentimos que ahora es el momento de recompensarnos en lugar de avanzar hacia el próximo objetivo.

Siempre es bueno aceptar el reconocimiento por un trabajo bien hecho, pero nunca terminamos con la vida hasta que literalmente terminemos con la vida. Simplemente lograr un objetivo no debe ser el fin de lo que queremos para nosotros mismos. Recuerda, no estamos trabajando para un destino, pero estamos viviendo el viaje. Si pasas demasiado tiempo disfrutando de tus éxitos pasados, tendrás la sensación de que no tienes nada más que hacer. Esto te hará racionalizar y dar razones por las que no necesitas dar el siguiente paso.

Para controlar este comportamiento de auto-sabotaje, primero debes reconocer lo que está sucediendo e interceptar ese proceso de pensamiento. No importa cuánto sientas que mereces un descanso, detén la racionalización o te ralentizarás y tal vez incluso detengas tu progreso por completo. Cada etapa de tu vida debe valerse por sí misma. Es posible que hayas recibido 5 estrellas de tu maestro de jardín infantil cuando tenías cinco años, pero esas estrellas no significan mucho cuando te encuentras frente a una reunión de la junta directiva con una presentación no preparada. Siempre que te encuentres pensando en tus logros pasados y sintiéndote como para relajarte, este es el momento en el que necesitas iniciar tu autodisciplina.

Si puedes dominar la identificación de esta característica en ti mismo y detenerla en cuanto comience, podrás ver logros aún mayores en el futuro. No te encontrarás estancado en tus intentos de alcanzar tus metas y aprenderás cómo persistir a través de muchos otros obstáculos que encontrarás más adelante.

La Ley de Parkinson: estrechamente relacionada con la postergación es la Ley de Parkinson, donde las personas a menudo afirman que solo pueden trabajar cuando están bajo presión. Esto puede, de hecho, ser cierto en algunos casos. El fenómeno se conoce como la ley de Parkinson, que establece que mientras tengas una fecha límite, la cantidad de trabajo que tienes que hacer llenará ese período de tiempo. En realidad, creas una condición que te obliga a recurrir a tu autodisciplina personal. Si tienes una fecha límite muy ajustada, un momento crítico por así decirlo, la única manera de cumplirlo es usar tu autodisciplina.

La teoría lleva el nombre de un historiador británico llamado Cyril Parkinson. Notó este patrón en aquellos dentro del Servicio Civil Británico. Parecía que sus niveles de eficiencia aumentaban o disminuían según el tipo de fechas límite que debían cumplir. Cuanto más tiempo tenían para realizar una tarea, más relajados se convertían en su trabajo.

La forma de superar este fenómeno natural es establecer plazos ajustados pero realistas. Quieres que estén lo suficientemente cerca para desafiarte, pero no tan lejos en el futuro que te sentirás tentado a permitir que otras cosas interfieran con tu progreso.

Ser capaz de diagnosticar lo que se está interponiendo en tu camino requerirá que te observes personalmente. Deja que sea una advertencia para ti, una vez que vuelves los ojos hacia adentro, es posible que no siempre te guste lo que ves. Muchos se dan cuenta de que siempre han sido su propio problema. Una vez que puedas identificar exactamente cuáles son realmente sus hábitos de autosabotaje, puedes desarrollar una estrategia para eludirlos y no permitirles que controlen tus acciones.

Ten en cuenta que estás trabajando en la disciplina. Al igual que tu hijo no es feliz cuando ejerces disciplina sobre él, muchas de las estrategias que desarrolles se sentirán incómodas al principio. Sin embargo, si los superas y haces los ajustes necesarios en tu vida, comenzarás a ver un progreso real en la forma en que manejas tu autodisciplina.

Si bien puedes haber obstáculos externos que se interpongan entre tú y tu meta, la mayoría de las veces son solo obstáculos. Cómo reaccionar ante ellos es lo que hará la diferencia. Puedes verlos como un obstáculo y decidir rodearlos, o puedes usarlos como peldaños y repasarlos. El problema real es a menudo los trucos que jugamos en nosotros mismos y solo puedes solucionarlos cuando logras identificarlos y desarrollar una estrategia para evitarlos, rodearlos o abrirse camino a través de ellos.

Conociendo tus Fortalezas y Debilidades

Entendemos perfectamente que la disciplina no debe ser placentera, por lo que es comprensible que no te sientas inclinado a infligirte molestias. Es un medio de autocorrección cuando empezamos a extraviarnos. Aprendemos disciplina sobre todo de nuestro entorno. Tus padres pueden decirte que no toques una estufa cuando eres joven, pero la mayoría de nosotros lo haremos de todos modos. No porque deseamos ser desobedientes sino porque somos curiosos. Sin embargo, una vez que hemos tocado esa estufa y nos hemos quemado, las palabras de nuestros padres suenan más profundamente en nuestro oído.

No importa cuánto creas que sabes, entiendes o crees, cualquier tipo de disciplina será incómoda. Este es un hecho básico de la vida. Por lo tanto, para poder soportar el castigo que te infligirás, necesitarás retroceder sobre tus propias fortalezas y debilidades internas. Al confiar en estos recursos internos, podrás aceptar la disciplina, aprender de ella y crecer.

Esto se jugará como un ejercicio mental. Cuando comienzas a hacer ejercicio, puede ser difícil, casi imposible, pero a medida que tu cuerpo se vuelve más fuerte, esa incomodidad comienza a sentirse más como una pequeña molestia, que eventualmente se convertirá en una autodisciplina más fuerte. Entonces, ¿qué fortalezas y debilidades internas tenemos y cómo podemos usarlas?

Cuando conoces tus propias fortalezas internas únicas, tienes un poder incorporado que puedes aprovechar cuando las cosas se ponen difíciles. Esas fortalezas que tienes pueden convertirse en las herramientas que usas para superar esos períodos difíciles e incómodos cuando estás luchando, pero no puedes usarlas si no sabes que están ahí y dentro de tu alcance.

De acuerdo con el libro Lo Que Realmente Quieres Hacer, la mayoría de las personas tienen muy poco conocimiento acerca de cuáles son sus fortalezas y debilidades.

Para identificar tus fortalezas personales, piensa en las cosas que te resultan más fáciles; Las cosas que requieren poco o ningún esfuerzo para manejarlas. Por ejemplo, puedes resultarte fácil entablar una conversación con extraños, o puedes pensar con calma en situaciones estresantes. Aquí hay un ejercicio que podría ayudarte.

Primero, haz una lista de cinco cualidades que te parezcan extremadamente fáciles y cómodas de hacer. Enumérelos en orden, siendo el número uno el más fácil para ti y el número cinco el más difícil. Ahora que tienes un pedazo de papel físico en la mano, mira de cerca tu lista, puedes comenzar a visualizar formas en las que puedes confiar en esas fortalezas para ayudarte a superar los momentos difíciles en que tu disciplina parece estar fallando.

Cuando hayas terminado tus fortalezas, haz lo mismo con tus debilidades. Estas son las cosas que pueden interponerse en tu camino y detenerte. Identificarlos hace que sea fácil pensar en formas en que puedes trabajar para ayudarte a mejorar.

Comienza a crear estrategias que te ayudarán a mejorar estas debilidades y podrás identificarlas cuando se interpongan en tu camino para lograr tus objetivos. Cuando conoces tus fortalezas y debilidades, tienes una comprensión mucho mejor del tipo de persona que realmente eres y puedes crear una plataforma desde la cual puedes crecer.

A medida que trabajas en tu autodisciplina, puedes pensar que es mejor prestar más atención a tus puntos fuertes que a tus puntos débiles, pero los necesitarás a ambos. Cuando confías en tus fortalezas, estás creando más oportunidades y pensando positivamente en tus metas. Cuando te enfocas en tus debilidades, el acto real de mejorarlas te ayudará a desarrollar tu autoconfianza, lo que naturalmente te dará una ventaja psicológica y te ayudará con tu autodisciplina.

Cómo Evitar Problemas

Al aprovechar tus cualidades internas, desarrollas una estrategia que te ayudará a evitar los problemas que a veces te impiden cumplir tus objetivos. La disciplina es algo que debe aplicarse sin importar cuáles sean las circunstancias. No importa si estás cansado y agotado, ni importa el clima o lo que piensen los demás. De hecho, cuando esas condiciones están presentes, es necesario confiar más en ellas. Pero más allá de las cualidades internas que usas para tu ventaja, aquí hay algunas sugerencias más que pueden ayudarte a superar los desafíos.

Muchos de nuestros hábitos habituales son en realidad adicciones, por lo que debemos deshacernos de nuestros malos hábitos de la misma forma en que reduciría el hábito de las drogas. Cuando surja la necesidad de desviarse del camino elegido, reconoce que es un hábito adictivo que debe romperse. Las urgencias no vienen en una corriente constante; vienen en oleadas. Primero pueden aparecer como una idea que aumenta en intensidad hasta que alcanza un pico y luego se va reduciendo gradualmente. Si permaneces inmóvil en el agua a medida que aumenta la ola, se estrellará contra ti y tal vez te arrastre, pero si logras dejarte llevar por ella, te llevará suavemente a la orilla, donde podrás volver a estar de pie e inténtalo de nuevo.

Aprende a identificar esos impulsos. Reconoce cómo te hacen sentir, las sensaciones que fluyen a través de tu cuerpo y las emociones que conecta con ellos. Una vez que reconozcas que esta sensación vuelve a aparecer, regresa y aplica algunas de las técnicas de meditación que aprendiste anteriormente. Concéntrate en tu respiración y luego deja que esos sentimientos atraviesen por ti hasta que pasen.

Es natural ceder a algo que es tan fuerte cuando nos golpea, pero el hecho de poder entender que estos sentimientos no duran para siempre y que, finalmente, desaparecen, hace posible superarlos hasta el final. Cuando estás conduciendo el impulso hacia el final, no estás realmente luchando contra el deseo de tener que hacer algo o cumplir algo, sino más bien con los sentimientos que están asociados con él. Si puedes identificar y separar los dos, te resultará mucho más fácil dejar pasar la urgencia y volver a ponerte de pie.

Dependiendo de lo que tengas que hacer, puede durar entre veinte y treinta minutos antes de que desaparezca. Aprende a conducir a través de ellos en lugar de luchar contra ellos. Si tienes éxito en hacer esto, la fuerza de estos impulsos eventualmente disminuirá, y tendrán menos poder sobre ti, lo que hará que sean más fáciles de controlar. Ese es un punto para tu autodisciplina y cero para los impulsos inesperados.

Otra forma de combatir las tentaciones de ir en contra de tu disciplina es aprender a sentirte cómodo con la incomodidad. Este es un tema común de los Oficiales de la Marina. Cuando se enfrentan a la batalla, lo único en lo que pueden confiar es en su autodisciplina. Tienen el impulso de seguir un plan incluso cuando las cosas no salen como esperaban. Si su autodisciplina falla, no son los únicos que pierden; Se cometen errores y se pierden vidas. En el mejor de los casos, cada vez que salen de la asignación, es una verdadera prueba de su autodisciplina.

Los Oficiales de Marina, por lo tanto, aprenden a vivir con la frase "siéntete cómodo sintiéndote incómodo". Un Oficial no tiene idea cuando sale si tiene que enfrentarse al frío extremo, esquivar armas en un territorio peligroso o cualquier otra opresión que él podría enfrentar sabe que se sentirá incómodo antes de partir. Pero él se ha preparado mentalmente para esa incomodidad antes de tomar la tarea. Aprendió a aceptar este sentimiento y lo utilizó como una forma de aumentar su autodisciplina, para poder prepararse mejor para su enemigo cuando se enfrenta a él.

Ahora, nadie comienza con la fuerza y la fortaleza para ser un Oficial de la Marina. Estas cualidades se desarrollan a través de entrenamiento intensivo y trabajo duro. En un momento, todos los Oficiales de Marina eran como cualquiera de nosotros, demostrando que construir tu autodisciplina es una habilidad que se encuentra en todos nosotros, solo tenemos que aprovecharla y practicarla de la misma forma que lo hicieron, sin importar. de cuales pueden ser tus metas

Capítulo 5

HÁBITOS Y RUTINAS DE AUTODISCIPLINA

Tomar conciencia de sí mismo es clave para identificar los malos hábitos que pueden descarrilar tu autodisciplina. Si deseas alcanzar tus metas, también necesitas desarrollar los buenos hábitos y rutinas en tu vida diaria que promuevan un nivel saludable de autodisciplina. Aristóteles dijo una vez: "Los buenos hábitos formados en la juventud hacen toda la diferencia". Tal vez no formaste esos hábitos cuando eras joven, pero no hay nada que te impida desarrollarlos ahora mismo, hoy.

Si estudias las vidas de muchas personas exitosas, encontrarás que todas ellas tienen una cosa en común. Han desarrollado y practicado buenos hábitos a lo largo de su vida. Es posible que hayan comenzado en un momento difícil, pero no lograron su estatus hasta que reinaron en todos esos malos hábitos y expusieron los buenos. Aquí hay algunos buenos hábitos que debes comenzar a cultivar en tu vida ahora mismo.

Recuerda cuando hablamos de esas neuronas en el cerebro. Los hábitos son simplemente aquellas acciones que hemos hecho tanto que el cerebro ha desarrollado un camino neuronal personalizado para acceder cada vez que lo haces. Esto es lo que hace que nuestro comportamiento sea automático. Cuando ejercemos un hábito, el cerebro ya no tiene que pensar en ello, lo que le permite a la mente centrarse en otras cosas con las que no está tan familiarizada.

Entonces, si bien estos hábitos pueden no ser fáciles de hacer al principio, después de una repetición constante, los dominaremos a medida que nuestras vías neurales relacionadas con ellos se vuelvan más fuertes. Entonces, al incorporar estos buenos hábitos y rutinas en tu vida, comenzarás a ver cómo tu autodisciplina se fortalece. No verás resultados instantáneos, pero si eres persistente, empieza poco a poco y a partir de ellos, finalmente comenzarás a ver el progreso. Es posible que algunos de estos hábitos no parezcan estar relacionados con la autodisciplina, pero todos están relacionados de alguna manera valiosa.

Práctica La Gratitud: cuando estamos agradecidos por las cosas que tenemos, es menos probable que satisfagamos ese impulso de gratificación instantánea. Nos lleva a un paso de querer siempre más de lo que no tenemos. Tómate el tiempo para apreciar todos los que te rodean e incluso las pequeñas cosas que hacen.

Los beneficios de la gratitud son probablemente más de lo que puedas imaginar. No solo ha sido capaz de mejorar nuestra salud mental, sino que también nos alienta a estar más equilibrados emocional y espiritualmente. La gratitud, con el tiempo, nos ayuda a sentir que tenemos abundancia incluso cuando vivimos con limitaciones.

Esto se aplica también a aquellos que pueden estar sufriendo de problemas físicos. Cada vez que el cuerpo físico no funciona de la manera para la que fue diseñado, produce hormonas del estrés, que pueden inhibir aún más nuestras capacidades. Esto interfiere con nuestros sistemas digestivo, inmunológico y reproductivo de una manera negativa y terminamos sintiéndonos peor de lo que realmente deberíamos.

Para practicar la gratitud, comienza tomando por lo menos 10 minutos todos los días anotando todas las cosas por las que estás agradecido. Esto no tiene que estar limitado a cosas físicas, pero también podría ser cosas abstractas. ¿Estás agradecido por tu familia, el amanecer, tu salud, tus amigos, incluso la comida en tu plato? Si no puedes pensar en nada por lo que estar agradecido, mira más de cerca dentro de ti, siempre hay algo, solo tienes que profundizar un poco más para encontrarlo.

Persona: cuando interactuamos con otras personas, es natural que llegue a un punto en el que uno se va a ofender, herir los sentimientos, o de lo contrario alguien te hará desarrollar sentimientos negativos. La ira, el arrepentimiento, el resentimiento y la culpa a menudo están detrás de todos los conflictos que enfrentamos todos los días. Estas emociones negativas comienzan a consumir mucha más energía que cualquier otra cosa que puedas hacer. Sin embargo, cuando aprendemos a dejar ir esos sentimientos, también podemos dejar ir la energía que tiene nuestra autodisciplina retenida.

Perdonar despeja nuestra mente. Piensa en la última vez que estabas enojado con alguien, ¿en qué estabas pensando? Probablemente tus pensamientos se atascaron en una repetición interminable de ofensa y no podrías pensar en otra cosa. Esto no significa que tengas que aprobar el mal que se te hizo, pero ya no permites que esa ofensa tome el control de tu mente porque cuando controlas tu mente, eso afectará todo el cuerpo.

Perdonar significa abandonar la negatividad que debilita nuestra fuerza. También es un excelente ejercicio de autodisciplina porque, al principio, es doloroso dejar ir algo que nos lastimó. Todos queremos estar en lo cierto y queremos justicia, pero la mayoría de las veces, las cosas que queremos están completamente fuera de nuestro control. Entonces, nos encontramos pasando interminables días, semanas, meses e incluso años esperando la oportunidad de arreglar las cosas para nosotros. Observa cuánto de ese tiempo se pierde cuando podríamos centrarnos en factores más importantes en nuestras vidas.

Una forma de aprender a perdonar es intentar por un minuto pensar como la otra persona. Tómate el tiempo para meditar en el mal con el que te enfrentaste, pero míralo desde el punto de vista de la otra persona. Piensa en lo que habrías hecho en la misma situación, luego considéralo como un tercero neutral. ¿Hay una historia humorística para contar? ¿Hay una lección que aprender? Es mucho más fácil perdonar a alguien si llegas a entenderlo mejor.

Organízate: la organización también es un hábito excelente que necesitas para desarrollar la autodisciplina. En realidad, están profundamente entrelazados. Si estás organizado, eso alimenta tu autodisciplina y si eres disciplinado, eso alimenta tu organización. Aplica este hábito tanto en tu vida profesional como personal. Esto puede ser muy difícil de lograr al principio, así que comienza con poco y amplíalo.

Puedes comenzar enfocando toda tu atención en un aspecto de tu vida y cuando hayas desarrollado eso en un buen hábito, luego agrega otro elemento. Puedes comenzar por organizar tus facturas y luego proseguir con los gabinetes de tu cocina, tu escritorio, tu horario diario, etc. Si trabajas en ello y construyes cada fase como lo harías con cualquier hábito, al final serás recompensado.

Administra Mejor Tu Tiempo: todos tenemos las mismas 24 horas en un día, pero algunas personas parecen manejar una pesada carga de trabajo mejor que otras. Esto se debe a que tienen mejores habilidades de gestión del tiempo. Cuando podemos administrar bien nuestro tiempo, parece que encontramos más espacio para las cosas que queremos hacer. Luego podemos incluir actividades que nos permitirán alcanzar nuestras metas y hacer las cosas que pensamos que no teníamos la autodisciplina para hacer.

Piensa en el experimento realizado llenando un frasco vacío con piedras (las cosas que tiene que hacer) y arena (las cosas que quiere hacer). Si pones la arena primero, es probable que no puedas poner todas las rocas también; simplemente no encajan Sin embargo, si pones las rocas en el frasco primero, también podrás meter toda la arena, dejando que llene todos los vacíos de tu vida. Mira las rocas como esas cosas que son urgentes, y absolutamente tienes que hacerlo y la arena como todas las cosas que realmente quieres hacer.

Cuando tengas que hacer una tarea, en lugar de enfocarse al azar, intenta desarrollar un sistema que priorice lo que debe hacerse.

- ❖ Crisis a corto plazo y problemas
  - Importantes y urgentes.
- ❖ Objetivos estratégicos a largo plazo
  - Importantes pero no urgentes
- ❖ Distracciones e interrupciones
  - Urgentes pero no importantes
- ❖ Actividades de perder tiempo
  - No es importante ni urgente

Puedes ver en la lista anterior si clasificas tu carga de trabajo de una manera similar, entonces la primera y la segunda lista requerirán más atención que las dos últimas. De acuerdo con esta guía, puedes decidir exactamente qué debe priorizarse primero y qué puede postergarse hasta más tarde. Una vez que hayas hecho su agenda, entonces tienes que desarrollar una estrategia que te ayude a cumplirla. Cuanto más hagas esto, más fácil será hacer las cosas de manera más eficiente.

Se Persistente: a medida que desarrolles tus buenos hábitos, espera tener algunos inconvenientes en el camino. Enfrentémoslo, si fuera fácil, entonces todos tendrían el tipo de fuerza de voluntad y autodisciplina por lo que luchan. La persistencia es el estado mental que no te dejará rendirte, incluso si fallas, te hará levantarte para que puedas volver a intentarlo.

Establecer metas es difícil, lograrlas es difícil, pero desanimarse y rendirse es fácil. Debes aprender a presionarte, incluso si estás incómodo hasta que llegues a un punto en el que te dará placer. Espera el fracaso, pero no lo vea como un fracaso, sino como un trampolín que redirigirá tus pasos de la manera correcta, para que puedas lograr tus metas.

Cómo Desarrollar y Adquirir Buenos Hábitos Para La Autodisciplina

Adquirir buenos hábitos puede ser un desafío. No es tan fácil como decir "Lo haré de ahora en adelante". Si pudiéramos hacerlo, no tendríamos que aprender autodisciplina. Sin embargo, existe una fórmula muy simple que te ayudará a establecer un buen sistema de hábitos en el que puedes confiar hasta que el nuevo hábito se convierta en una parte regular de tu vida.

Hay cuatro partes fundamentales que te ayudarán a entender exactamente cómo construir un nuevo hábito y reforzarlo en tu vida.

- ❖ Señal
- ❖ Deseo
- ❖ Respuesta
- ❖ Recompensa

Comprender cada una de estas partes puede ayudarnos a utilizarlas como herramientas para desarrollar una buena combinación de hábitos en los que podemos confiar para desarrollar la autodisciplina.

La Señal: la señal es un desencadenante que el cerebro recibe para iniciar un comportamiento específico. El cerebro reconoce esta señal y entiende que si activa la acción preferida, hay una recompensa en espera. Las recompensas pueden ser cualquier cosa que valide la acción. La mayoría de nosotros realizamos ciertas acciones porque queremos las recompensas obvias, el dinero, la fama, el poder, el estatus, la alabanza, la aprobación, la amistad y el amor. El cerebro está analizando constantemente su entorno en busca de pistas sobre dónde podemos aceptar estas recompensas.

El Deseo: el siguiente paso en la construcción de hábitos es el deseo. Esta es la fuerza que motiva la acción de cada hábito. Sin algo que nos motive, no tendríamos ninguna razón para actuar. No estás deseando el hábito, pero sientes ansias por el cambio que el hábito producirá. Enciendes tu televisor no porque quieres encenderlo, sino porque estás ansioso por entretenerte.

Cada persona tiene un deseo diferente. Cualquier cosa podría desencadenar un antojo, pero lo que desencadena tu antojo es completamente único para cada uno. Así que cualquier señal que tengas no tiene sentido hasta que le das un valor. Entonces, son tus pensamientos, emociones, sentimientos y creencias los que pueden tomar una señal y convertirlo en un antojo.

La Respuesta: Este es el hábito real que quieres cultivar. Es la acción que tomas cuando recibes el deseo. Cuanto más fuerte sea tu motivación, más probabilidades tendrás de tomar las medidas necesarias. Cuanto más esfuerzo necesite una acción, mayor será la motivación que necesitará para lanzar una respuesta adecuada. También depende en gran medida de tu capacidad para realizar la tarea. Solo puede convertirse en un hábito si es algo que puedes hacer. Si quieres convertirte en panadero, necesitas tener las habilidades y los materiales para hacerlo.

La Recompensa: la recompensa es el objetivo que te fijaste una vez que hayas dominado el hábito. Volviendo al paso uno, la señal nos dice que hay una recompensa, el deseo es tu motivación para la recompensa, y la respuesta es cómo obtienes las recompensas y, finalmente, se recibe la recompensa. Sin una recompensa, desarrollar hábitos es virtualmente imposible. Esto no significa que la recompensa tenga que ser grande. Podría ser algo tan simple como una palabra de elogio o un abrazo de un miembro de la familia, o podría ser algo más grande como un cheque de pago adicional, unas vacaciones o un automóvil nuevo.

Buscamos recompensas porque ambas nos satisfacen y nos enseñan. El propósito principal de una recompensa es aliviar el deseo. Comida y agua, las dos recompensas más grandes nos sirven al darnos la energía que todos necesitamos para vivir. Las promociones nos dan dinero y respeto, y el ejercicio mejora nuestra salud. Es la recompensa que detiene los antojos y nos trae alivio.

A través de las recompensas, también aprendemos qué hábitos valen la pena seguir. Tu cerebro está diseñado para buscar recompensas de todo tipo en el medio ambiente. Dado que acceden a los centros de placer del cerebro, una recompensa que brinda placer alentará automáticamente a que el cerebro repita, pero una recompensa que ofrece decepción verá una disminución en el nivel de motivación la próxima vez que se active una señal.

Si bien la recompensa está en el corazón de las cuatro fases de la formación del hábito, si algún hábito que está intentando desarrollar no puede cumplir ninguna de las etapas, no se desarrollará. Sin la señal, nunca comenzarás, sin las ansias no querrás hacerlo. Si el hábito es demasiado difícil, no podrás hacerlo y si no hay recompensa, no hay incentivo.

Para desarrollar con éxito nuevos buenos hábitos, todos estos elementos deben incluirse. Cada uno de estos cuatro pasos crea un circuito de retroalimentación neurológica que te permitirá desarrollar estos hábitos de por vida.

Si quieres llevar esto un poco más lejos, puedes dividir estos pasos en dos fases: el problema y las fases de la solución. Los primeros dos pasos, la señal y el deseo, se pueden ver como parte de la fase del problema donde el cerebro reconoce un problema que tiene que resolver. Los segundos dos pasos, la respuesta y la recompensa, son la forma en que el cerebro resuelve ese problema. Todo comportamiento desencadenado en el cerebro está diseñado para resolver un problema particular. Puede que no lo veas como un problema, pero tu cerebro sí. El papel del hábito es resolver cualquiera que sea el problema.

Este proceso no debe ser algo que hagas cuando encuentres el tiempo, sino que debe ser un proceso continuo que no se detenga mientras estés desarrollando el hábito. Debe hacerse hasta que estés realizando estas acciones sin pensar activamente en ellas. La mayoría de nuestros hábitos los aprendemos de niños y nunca les damos un segundo pensamiento. Piensa en algunos de los hábitos que realizas todos los días, como:

- ❖ Encender un interruptor de luz
- ❖ Cepillar tus dientes
- ❖ Comer
- ❖ Ir a la escuela
- ❖ Conducir un auto

Todos estos son comportamientos aprendidos que se desarrollaron a través del proceso de cuatro pasos. Todos nosotros tenemos cientos (si no miles) de hábitos que hemos desarrollado durante décadas que realizamos sin ningún tipo de pensamiento. Desde la ropa que elegimos usar hasta cómo vamos de compras, todos somos conjuntos de hábitos.

Al tomar estos cuatro fundamentos, podemos usarlos para lanzar esos buenos hábitos y, por extensión, mejorar nuestra autodisciplina. Cuando todos funcionen correctamente, el nuevo hábito se hará sin esfuerzo, y pronto todas estas nuevas acciones se convertirán en parte de tu propio comportamiento humano personal.

Alineando Una Buena Rutina

Comienza a establecer una rutina regular para ti mismo. Esto comenzará a darle a tu vida la estructura y la familiaridad, ambas son formas de poner menos estrés en el cerebro. Cuando tienes una estructura en tu vida, todo comienza a tener más sentido para ti. Comenzarás a experimentar sentimientos de propiedad y responsabilidad hacia las cosas que te afectan.

También simplifica tu vida, eliminando la necesidad de hacer constantemente horarios antes de tiempo. Ya sabes lo que harás todos los días y cuando los hayas completado, tendrás una sensación de satisfacción que te servirá como recompensa. Irás a la cama sintiéndote bien con tu día en lugar de sentirse estresado.

Ya que todos somos criaturas de hábitos, cuando tienes una rutina diaria, es mucho más fácil incorporar esos buenos hábitos en tu vida. Cuando tomas la decisión de hacer estas cosas, estás convirtiéndote en un participante activo en tu vida, en lugar de simplemente permitir que los hábitos pasen por ti. También aumenta la eficiencia, por lo que puedes hacer las cosas mucho más rápido sin tener que tener recordatorios constantes de que se deben hacer, lo que puede ahorrarte mucho tiempo y esfuerzo a medida que comiences a desarrollar estas nuevas habilidades.

Encontrar un Sistema que Funcione Para Ti

Todos tenemos cosas que deben hacerse todos los días, semanas o meses y sin una buena rutina, estas cosas pueden abrumarnos fácilmente. Hay muchas personas que fácilmente te dirán que sigas esta rutina o la otra, pero la clave para el éxito de la autodisciplina es establecer una rutina o un sistema que funcione mejor para ti. Hacer esto puede implicar un poco de creatividad de tu parte, pero una vez que lo hagas, será mucho más fácil conseguir esos hábitos.

- ❖ Comienza por hacer una lista de todas tus tareas requeridas
    - ➢ Esto se llama la etapa de recopilación de información. Considéralo como un completo volcado de cerebro y simplemente apunta todo lo que necesitas hacer. Puedes dividir la

lista por tareas diarias, semanales, mensuales e incluso anuales.

- ❖ Crea un horario con el que te sientas cómodo
  - ➢ Evalúa tu nivel de energía. Algunas personas son mañaneras y otras son noctámbulas. Piensa en cuando haces tu mejor trabajo. Asigna los proyectos más grandes para el momento en que estés en tu apogeo y guarda esos trabajos más ligeros para los momentos en que no necesites poner tanto esfuerzo.
- ❖ Deja espacio para un poco de flexibilidad
  - ➢ `No hagas agendas demasiado apretadas como para no tener un poco de maniobra en caso de que surja algo más.
- ❖ Pruébalo
  - ➢ Una vez que hayas completado tu rutina, pruébala para asegurarse de que no haya problemas o desafíos al seguirla. Realiza los

ajustes necesarios y luego haz una nueva prueba para asegurarte de que funciona bien para ti.

No solo es importante tener una buena rutina, sino también una que te adaptes bien a la forma en que funciona tu cuerpo. Si no eres una persona mañanera y te arrastras fuera de la cama todas las mañanas, entonces no vas a actuar en tu mejor momento. Cuando puedes optimizar tu tiempo y asignar tareas basadas en tu ritmo circadiano, entonces es más probable que desarrolles buenos hábitos y te adhieras a ellos, lo que solo funcionará para aumentar aún más tu autodisciplina.

Malos Hábitos Que Debes Evitar

Al igual que desea desarrollar buenos hábitos, también es hora de deshacerse de muchos de los malos hábitos que pueden estar consumiendo tu energía. Una cosa que hará más fácil deshacerse de esos malos hábitos es no solo deshacerse de ellos por completo; eso dejaría un vacío, lo que te haría sentir ocioso y perdido. Sin embargo, si piensas en simplemente cambiar un mal hábito por uno nuevo, el ajuste será mucho más simple.

Incluso muchos de los hábitos enumerados a continuación pueden parecer un poco insignificantes, pero son malos para ti mental, física, emocional e incluso socialmente. Encontrarás que algunos de estos serán más difíciles que otros como dejar de fumar, pero no dejes que eso te impida deshacerte de ellos. Te sentirás mejor, tendrás una mente más clara y estarás mucho más concentrado y estable.

Comer estresado: comer cuando tienes un estado de ánimo negativo no solo es peligroso para tu salud física sino también para tu composición emocional. Comer estrés no tiene nada que ver con las necesidades de su cuerpo, pero es un sustituto de los vacíos emocionales que podría estar sintiendo. Al analizar sus necesidades emocionales y abordar el verdadero problema al que se enfrenta, su necesidad de hacer hincapié en la alimentación eventualmente desaparecerá y usted también será una persona emocionalmente más equilibrada.

Observa a tus Compañías: Todos necesitamos socialización, pero cuando pasas demasiado tiempo con aquellos que solo pueden ver lo negativo en cualquier situación, pierde el valor que se obtiene de la compañía. Estas personas agotan tu energía y destruyen tus sueños, muchos con la creencia de que están tratando de protegerte. Enfrentémoslo, ya somos nuestros peores críticos y no necesitamos ayuda en esas áreas. Comienza a rodearte de personas que te apoyarán y ayudarán con tus objetivos en lugar de derribarlos.

Esto también se aplica a aquellos que a menudo se aprovechan de ti. Es bueno ser amable y servicial con los demás, pero si no recibes ese tipo de apoyo a cambio, debes dibujar la línea y alejarte de la relación. Este tipo de personas pueden ser tóxicas y con el tiempo dañarán tu espíritu y lo detendrán de todo lo que estás tratando de hacer.

Fumar: poco hay que decir acerca de los riesgos para la salud de fumar. Es la principal causa de muerte prevenible en los Estados Unidos. Y la investigación actual también muestra que el daño también se extiende a dar muchos problemas de salud a quienes te rodean y que pueden inhalar el humo que exhalas.

Beber En Exceso: beber alcohol puede ser divertido cuando estás en un entorno social, pero cuando bebes en exceso, a menudo te lleva a:

- Una función cerebral más pobre: el alcohol interrumpe las vías neuronales del cerebro, haciendo que sea más difícil pensar con claridad.
- Contribuye a la enfermedad cardíaca: se ha relacionado con miocardiopatía, arritmias y otros problemas cardíacos.
- Enfermedad hepática: hace tiempo que se sabe que el consumo excesivo de alcohol contribuye a la cirrosis, la hepatitis alcohólica y el hígado graso.
- Problemas con el páncreas: el alcohol también puede causar pancreatitis, una inflamación de los vasos sanguíneos en el páncreas, que puede interferir con la digestión adecuada.
- Cáncer: también se ha relacionado con los cánceres de boca, garganta, hígado, mama y esófago

Comer Comida Chatarra: la comida chatarra es un pilar en la vida de muchas personas en la actualidad. Nos encanta porque es rápido y sabroso. Sin embargo, pero comer demasiado puede alterar la actividad de tu cerebro y puede afectar tu comportamiento de una manera similar a la de consumir drogas.

Ver Demasiada Televisión: Ver televisión puede ser muy adictivo. La mayoría de nosotros lo activamos porque es una buena forma de desconectar, pero si no tienes cuidado, literalmente puede hacerse cargo de tu vida, y no para mejor. Comienza a alejarte de la pantalla y reemplaza ese hábito con meditación, lectura o algún otro hábito productivo que te ayude a crecer como persona.

Llegar Siempre Tarde: hay algunas personas que son conocidas por llegar tarde a todo. Los conoces, siempre están corriendo de un lugar a otro, y parecen estar atrasados en todo lo que hacen. Aprende a ser más puntual al hacer las cosas. Te ayudará a mejorar tus relaciones y podrás relajarte mejor en tu vida. Si este es el tipo de persona que eres, comienza a concentrarte en llegar a tu destino al menos 15 minutos antes y verás resultados positivos.

Solo Ver Lo Negativo: cuando nada parece ir en tu dirección, es fácil ver solo lo negativo en una situación dada. Puede convertirse fácilmente en un hábito de jugar al defensor del diablo, pero eso no te inspira a hacer las cosas. En cambio, te mueve a acurrucarte en una bola e hibernar. No importa qué tan mala sea la situación, trabaja para identificar 3 cosas positivas en cada situación y, para cuando se convierta en un hábito, tendrás una perspectiva mucho más positiva de la vida.

Esto no quiere decir que todos estos hábitos sean malos. Todos tenemos mal humor de vez en cuando y todos nos desanimamos, nos preocupamos y experimentamos una gran cantidad de emociones negativas. Sin embargo, cuando se conviertan en una parte importante de nuestras vidas, definitivamente interferirán con nuestro crecimiento y nos encontraremos nunca progresando en las cosas que queremos hacer. Al reemplazar esos malos hábitos con otros más positivos, eliminamos un elemento más que puede estar interfiriendo con nuestra capacidad de fortalecer nuestra autodefensa.

Capítulo 6

Salir de tu zona de confort

Todos nosotros tenemos un deseo interno de salir de nuestra zona de confort en algún momento. Vemos a otras personas haciendo cosas interesantes y internamente queremos ser parte de algo nuevo y emocionante. Pero a pesar de que ese deseo existe, algo se interpone en nuestro camino y nos encontramos literalmente paralizados en el capullo de comodidad que hemos creado.

Hay una explicación científica de por qué es tan difícil liberarse de nuestra zona de confort y con un poco de comprensión de lo que realmente es, puedes hacer algunos ajustes simples que te permitirán lograrlo.

¿Cuál Es Tu Zona De Confort?

Tu zona de confort es una dinámica de comportamiento en la que tus rutinas y hábitos encajan muy bien. Es el lugar seguro al que te diriges, donde existe un riesgo mínimo (o al menos un riesgo que es manejable) y, por extensión, menos estrés. Cuando estás en tu zona de confort, estás mentalmente seguro, contento, con poca ansiedad y estrés.

Mientras permaneces en tu zona de confort, reduces tu nivel de estrés y te brinda un "refugio seguro" del mundo desconocido que te rodea, tienes tus propias limitaciones. Mientras permanezcas en ese ambiente de bajo estrés, no podrás progresar o crecer. Esto se debe a que para mejorar cualquier nivel de estrés, nuestros niveles de estrés deben ser un poco más altos de lo que experimentamos cuando estamos cómodos. Si nos quedamos en ese lugar por mucho tiempo, no podemos progresar.

Es cierto, tu zona de confort puede ser algo bueno. Es un lugar seguro donde puedes ir mental y emocionalmente. Dejarlo significa asumir un nuevo conjunto de riesgos y aventurarse en un territorio desconocido, lo que podría resultar positivo o negativo. Pero hay una buena razón para tratar de salir de ese lugar seguro y buscar cosas nuevas.

Lo Que Te Estás Perdiendo

Ir al punto en el que puedes crecer es el único lugar donde puedes mejorar tu rendimiento en todo lo que haces. Mejora tu productividad y te brinda muchas más habilidades en las que podrás confiar. Piensa en algunos de estos beneficios cuando se trata de salir de tu zona de confort.

* **Mayor Productividad:** nadie disfruta de la presión que conlleva los plazos y las expectativas que se nos imponen. Si nos quedamos en nuestra zona de confort, hacemos lo mínimo requerido para que podamos sobrevivir. Sin el impulso interno para hacer más y aprender cosas nuevas, caemos en un patrón de parecer ocupados pero dejando nuestras mentes libres para vagar por dondequiera que vayan. Pero, si presionas más allá de esa línea, podrás encontrar formas más inteligentes de trabajar y hacer más cosas al mismo tiempo.
* **Adaptarse Mejor A Los Cambios:** Salir regularmente de nuestra zona de confort, empujando los límites te enseña cómo adaptarte mejor a los cambios. Si sobrepasas

los límites con regularidad, asumes riesgos de manera controlada y te desafías a ti mismo en varios entornos nuevos, aprende a adaptarte a las cosas que te hacen sentir incómodo. Como resultado, amplía tu zona de confort y te permite incorporar más cosas a la vida diaria.

- ❖ **Se Volverá Más Fácil:** después de haber rebasado los límites varias veces, no será tan aterrador ni difícil de hacer. La apertura regular a nuevas ideas puede enseñarnos cosas nuevas, permitirnos ver el mundo de una manera completamente nueva e inspirarnos a expandirnos aún más. Cada vez que lo hacemos, aprendemos a ver el mundo desde una perspectiva diferente, y estamos más motivados a gastar nuestra energía de maneras sumamente gratificantes.

Hay muchos beneficios al ampliar nuestra zona de confort que pueden durar mucho más tiempo que el temor inicial que podrías haber experimentado al principio. Los avances que obtendrás a través de nuevas habilidades y experiencias superarán con creces los aspectos negativos que te podrían preocupar.

Como Se Relaciona Con El Miedo

Es fácil entender el miedo que está relacionado con nuestra zona de confort. Pocas personas dudarían de que está en el centro de la vacilación de todos. Si imaginarias que una diana colocada justo frente a usted, ese círculo interno, representaría tu zona de confort. Pero otra palabra con la que podrías etiquetar ese círculo es "miedo". Una vez que comprendemos cuánto miedo está controlando nuestra falta de voluntad para dar esos valientes pasos hacia afuera, comenzamos a ver nuestro consuelo como un lugar para escondernos de las cosas aterradoras de la vida.

Es perfectamente normal temer a situaciones peligrosas. Cuando caminamos por el borde de un acantilado, experimentamos miedo porque no queremos caer. Cuando manejamos demasiado rápido en un automóvil, nos asustamos porque sabemos las consecuencias de un choque, y un niño tiene miedo cuando ve a su madre dejarlo en la escuela por primera vez. En la mayoría de las circunstancias, el miedo es una reacción perfectamente normal ante los peligros de la vida. Pero mira hacia el blanco. Justo fuera de la diana, marcado como tu zona de confort/miedo es otro círculo. Llama a esto tu círculo de aprendizaje. Si permaneces en tu lugar de miedo, nunca alcanzarás el punto de aprender algo nuevo, por lo que tendrás que superar eso para poder crecer.

El Temor

Comprender qué es realmente el temor puede ayudarnos a romper este hábito. El miedo o temor se puede descomponer en una frase simple:

Falsas

Expectativas

Aparentemente

Reales

Piensa en todas las cosas que temes. Ya sea en público o viajando a un nuevo país. La mayor parte proviene de la preocupación por lo que crees que sucederá. Todo está en el futuro y tu mente está jugando varios escenarios sobre las posibilidades. Estás permitiendo que tu mente cree falsas expectativas.

Vamos a tomar como ejemplo hablar en público. La mayoría de la gente tiene ese miedo de hablar en público. Lo que pasa por tu mente cuando tienes que hablar frente a la gente. Piensas automáticamente, "no les gustará", "olvidaré lo que tengo que decir", "lo arruinaré" o "Me abuchearán". Todos pensamos así o pensamos algo parecido. Pero, en realidad, ese tipo de cosas nunca suceden realmente. Nuestras mentes solo nos han convencido de que no somos dignos de respeto, apreciación, recompensa o lo que sea, y como resultado, nuestras mentes crearán el peor escenario posible en cualquier situación dada.

Como no podemos predecir el futuro y las probabilidades de que esas cosas sucedan son muy limitadas, nuestras mentes han creado estas falsas expectativas y nos las han entregado como un hecho, por lo que nos paralizan hasta el punto de que no somos capaces de actuar. Esto no significa que tengas que llegar al límite todo el tiempo. No hay nada de malo en estar cómodo, pero si nos sentimos demasiado cómodos y nunca nos desafiamos a nosotros mismos, nuestra zona de confort se estancará y nuestro mundo y las cosas en él se reducirán. Tenemos que llevarnos al límite a veces para crecer.

El Miedo Y Tus Propias Distracciones

Una forma en que evitamos aventurarnos en territorio de crecimiento es a través de distracciones. Este es el momento en el que encendemos la televisión o decidimos llamar a ese amigo perdido hace mucho tiempo con el que no hemos hablado en mucho tiempo. Distracciones como estas pueden ser una salida saludable cuando estamos bajo estrés, pero también pueden ser una herramienta de evitación que debemos superar.

Pueden tener una influencia poderosa sobre nosotros. Todos nosotros tenemos un período de atención limitado y cuando desviamos nuestra atención a otra cosa, no podemos enfocar completamente nuestra mente en otra cosa. Pero en realidad, cuando esto sucede, no es la distracción lo que está en la raíz de tu problema. Es tu deseo interno de estar distraído lo que necesita ser arreglado. La distracción es simplemente un subproducto de tus miedos.

Buscamos deliberadamente distracciones debido a nuestros miedos y esto es lo que nos impide salir de nuestra zona de confort. Por lo tanto, necesitas desarrollar estrategias para entrenar tus poderes mentales para ser valiente y superar todas esas dudas, inseguridades y temores.

Entrenando Tu Mente Para Ser Valiente

Puede salir de su zona de confort y probar las aguas en el exterior. Al seguir algunas estrategias básicas, puedes comenzar poco a poco y aumentar tus éxitos hasta llegar al punto en el que eres lo suficientemente valiente como para aventurarte audazmente en un nuevo territorio. Es posible que desees jugar cerca de la orilla al principio, pero a medida que avanzas, verás que expandir los límites puede, literalmente, sacar lo mejor de ti.

❖ **Haz la rutina de manera un poco diferente:** este paso inicial te permite mantenerse dentro de tu zona de confort sin experimentar algo completamente nuevo. Si conduces al trabajo todos los días, en lugar de tomar la misma ruta, intenta una nueva. Es probable que estés muy familiarizado con los diferentes caminos en tu comunidad, por lo que no estarás conduciendo en un territorio desconocido. Solo estás cambiando el tiempo que estás en esa carretera en particular. Esto pone las cosas familiares en una luz diferente. Después de que hayas cambiado con éxito algunos de tus hábitos de rutina de esta manera, comenzarás a sentirte un poco más seguro de tu capacidad para hacer algo diferente.

- **Disminuye la velocidad:** cuando estamos en nuestra zona de confort, vivimos principalmente con el piloto automático y podemos realizar tareas sin darnos cuenta de que las estamos haciendo. Aprender a disminuir la velocidad en tareas desconocidas puede hacer que te sientas incómodo rápidamente. Tómate el tiempo para hacer las cosas a un ritmo más lento, tomando nota de tus acciones. Mientras lo haces, observa tu tarea como un forastero, y luego intenta intervenir y encuentra diferentes formas más eficientes de mejorarlas. Defiende mentalmente tus razones para hacer las cosas como usualmente las haces. Esto podría ser suficiente para darte un pequeño empujón para hacer algunos cambios en tu vida.

- ❖ **Toma una decisión rápida:** de vez en cuando, toma una decisión sin pensar. Cuando tenemos que salir de nuestra zona de confort, tendemos a pensar demasiado y, a menudo, dedicamos mucho tiempo a encontrar razones para no hacer algo. No tiene que ser una decisión importante, así que comiences por considerar algo pequeño. Si comes en el mismo lugar todos los días, considera probar un lugar nuevo. Si comes los mismos alimentos todo el tiempo, prueba algo nuevo. Le dará a tu curva de aprendizaje un punto de partida y te enseñará que eres completamente capaz de confiar en tu juicio interno.
- ❖ **Realiza pasos pequeños y progresivos:** al principio, será difícil realizar incluso el paso más pequeño, pero si puedes reunir el

coraje para dar esos diminutos pasos, aun así obtendrás los mismos beneficios que tendrías con pasos grandes. Ya sea que saltes al agua con ambos pies o comiences metiéndote un dedo del pie, te mojarás igual. No presiones demasiado, y te sorprenderás en dónde terminas, un pequeño paso a la vez.

La parte más difícil de esto es dar ese primer paso. Si tienes en mente estas verdades básicas, podrás tener éxito en este viaje.

1. Echa un vistazo honesto a tu vida. El primer paso para salir de un territorio familiar requiere que mires bien y honestamente quién eres. Necesitas poder identificar tu punto de partida. Analízate y toma nota de los patrones, pensamientos y deseos que tienes. Escríbelas en un papel físico, eso los hace sentir mucho más reales.
2. Comienza con los cambios que no representan una amenaza. Son simples y seguros, incluso si no están familiarizados.
3. Permítete fallar a veces. Aprenderás que no morirás ni serás dañado por el fracaso. Vivirás para probar otro día. Cuando

literalmente caes, la mayoría de las veces no es el dolor lo que te causa angustia, sino la falta de familiaridad con la sensación. Aprender a fallar te permitirá familiarizarte con nuevas sensaciones y cuando las superes, ya no serán tan aterradoras.

Hay muchas formas que puedes descubrir para salir de tu zona de confort. Ya sea que desees viajar por el mundo o simplemente deshacerte de tu timidez, ya sabes que te estás perdiendo. Intentar cosas nuevas a veces puede ser un poco atemorizante, pero hacerlo te ayudará a impulsar tu cuerpo y tu mente hacia áreas en las que nunca pensaste que irías. ¿Y sabes lo que ganas haciendo cosas nuevas? Más confianza en sí mismo, lo que naturalmente conduce a una mejor autodisciplina.

Capítulo 7

GESTIONANDO TU ENTORNO

Es importante tener control de tu entorno. No nos damos cuenta de cómo nuestro entorno puede influir en nuestro comportamiento. La mayoría de la gente cree que hacemos las cosas que hacemos porque es parte de lo que somos, pero en realidad, muchas veces nos comportamos de cierta manera debido a donde estamos. Cuando se realizaron estudios entre participantes de diferentes países de Europa, los resultados mostraron que la respuesta a la misma pregunta variará ampliamente con más personas que respondan de la misma manera que aquellos en sus mismas comunidades o países responden.

Por ejemplo, se realizó un estudio global y se les hizo a los participantes una pregunta simple. "¿Te gustaría ser un donante de órganos?" La respuesta reveló algunos resultados sorprendentes. Los países de Dinamarca, los Países Bajos, el Reino Unido y

Alemania tuvieron un porcentaje de respuestas negativas mucho mayor que los de otros países europeos. Se podría suponer que los resultados se sesgaron en función de diferencias religiosas o culturales, pero no fue así. Dado que todos los países eran europeos, no había mucha diferencia entre sus religiones y culturas.

En una inspección más cercana, aprendemos que, independientemente de la forma en que se presente la pregunta, la mayoría de los participantes elegirán la respuesta que les permita el menor riesgo de cambiar un hábito regular. Esta es una tendencia conocida como el "efecto predeterminado". Si bien ese estudio en particular se llevó a cabo en Europa, los mismos tipos de resultados se mostraron en otros estudios en todo el mundo.

Esto nos enseña que tenemos una tendencia innata a permanecer con lo que estamos familiarizados. Ya sea dónde o cuándo encendemos la televisión o cuando dormimos por la noche, siempre utilizamos lo que es familiar. Por lo tanto, con ese pensamiento en mente, es importante ejercer cierto control sobre nuestro entorno o rápidamente encontraremos que nuestro entorno comenzará a controlarnos.

Cómo tu entorno juega un papel

Todos tenemos una predeterminación a la que nos referimos en cualquier situación dada. Cuando se trata del desayuno, generalmente tratamos de comer lo mismo todos los días. La mayoría de las personas no pueden moverse sin su taza de café de la mañana, y ¿cuántos de nosotros preferiríamos realmente ver la televisión que leer un libro?

Es hora de que determines cómo es tu entorno predeterminado. Si estás trabajando para apoyarte en tu búsqueda para desarrollar la autodisciplina, entonces está bien, pero si vas en contra de todo lo que estás tratando de hacer, entonces debes pensar en maneras de cambiarlo. Deseas un entorno que te aliente a salir de tu zona de confort, aprender y probar cosas nuevas y ser un instrumento para ayudarte a crecer como persona. Debes respaldar aquellos comportamientos en los que deseas desarrollarte y desalentar a aquellos que te retienen.

Preparando el Entorno Adecuado

Cuando cambias tu entorno, literalmente estás cambiando el tipo de resultados que obtienes. Si tu entorno facilita realizar los cambios que deseas en tu vida es difícil continuar con los comportamientos no deseados que desarrollan la autodisciplina. Sin embargo, si tu entorno hace lo contrario, lucharás a cada paso. Lo ideal es que prepares un entorno que fomente los buenos hábitos y los convierta en tu comportamiento predeterminado.

Esto no es tan fácil como suena. Al principio, es posible que te encuentres recurriendo a esos comportamientos predeterminados pasados cuando estás bajo estrés. Son como una reacción automática que no puedes evitar. Pero, si preparas el entorno adecuado desde el principio, los momentos en que vuelvas a los viejos hábitos serán cada vez menos.

Objetos: También deberíamos pensar en cómo los objetos que nos rodean pueden afectarnos. Puede que no creas que esto es cierto, razonando que es solo un objeto inanimado. Pero piensa en cómo te sientes cuando estás visitando un bonito parque nacional lejos de la ciudad, respirando el aire puro y disfrutando de las hermosas vistas de la naturaleza.

Ahora imagina que estás en una metrópolis ocupada. Autos sonando, luces intermitentes, y ruido por todas partes. Papeles y envases de comida rápida ensuciando la calle, y hay desorden a tu alrededor. Ahora, compara la diferencia en cómo te sientes. En el primero, probablemente te sientas relajado e incluso refrescado, pero en el segundo es probable que comiences a sentirte un poco estresado.

Podemos sentir que nuestra personalidad única y distintiva nos ancla, respondemos subconscientemente a las señales contextuales de nuestro entorno. Si bien todos somos diferentes (algunos de nosotros podemos disfrutar de la ajetreada ciudad y prosperar en ella, y otros pueden odiar las actividades al aire libre), tómate el tiempo para observar tu entorno y analizar si te apoya en tu cambio o no. De lo contrario, piensa en formas en que puedas ajustar tu entorno para darte la sensación de estar conectado a tierra en un nuevo futuro positivo.

Gente: Se ha demostrado una y otra vez que las personas a menudo se ajustan a lo que hacen las masas. Incluso si sabes que algo está mal, si todos los que te rodean van en otra dirección, tienes que elegir. ¿Sigues a la multitud o vas solo? La respuesta correcta es obvia, pero los resultados atestiguan el hecho de que la mayoría de las personas se conformarán con lo que todos los demás están haciendo.

Cuando todos parecen convencidos de que una forma es correcta, comienzas a cuestionar tu propio juicio personal. Asumes que algo debe estar mal porque todos los demás posiblemente no pueden estar equivocados.

Esto se debe a que los humanos son criaturas sociales y tenemos una poderosa necesidad interna de ser aceptados. Este es un impulso natural para adaptarse a las personas que nos rodean y puede ser muy práctico, pero también puede ser muy perjudicial. A menudo dejamos que la sociedad dicte lo que es correcto o incorrecto en nuestro entorno, por lo que terminamos saliendo con personas que no son solidarias, pesimistas o simplemente perezosas. Como resultado, cuando decides hacer algo fuera de lo normal, el colectivo hará todo lo posible para que te ajustes a lo que considera la norma y te retenga. Por eso, rodearse de personas positivas que sean entusiastas y alentadoras te ayudará a desarrollar tus nuevas habilidades mucho, mucho más rápido.

Este tipo de psicología grupal es contagiosa. Hay poder en tu entorno social, así que se selectivo con los que deseas incluir en tu círculo íntimo. Ya sea que te des cuenta o no, las personas son como infecciones que buscan a alguien lo suficientemente vulnerable para influir. Si quieres proteger tus sueños, emociones, creencias e ideales, no puedes ignorar el tipo de influencia que otras personas tendrán sobre ti.

Condiciones: Diseñar las condiciones adecuadas para tu éxito apoyará tu autodisciplina. Al crear tu propio entorno único, tendrás que ejercer tu fuerza de voluntad para obtener los resultados que estás buscando.

Aún así, no podemos simplemente hacer que cambien las condiciones de nuestro entorno, debemos tomar algunas decisiones prácticas para que las cosas sucedan. Por ejemplo, es posible que conozcas un excelente restaurante para ir a donde sirven comidas increíblemente deliciosas, pero no irías allí si buscas perder peso. Si estás buscando un delicioso plato para disfrutar, encontrarás una opción más práctica.

Esto requerirá probar diferentes condiciones hasta que encuentres la que mejor se adapte a los objetivos que estás tratando de alcanzar. Recuerda, tienes fuerza de voluntad limitada y no quieres agotarla al pasar todo tu tiempo en condiciones ambientales que funcionarán en tu contra. Tu objetivo es crear un entorno que no te distraiga ni ponga obstáculos en tu camino.

Idealmente, tus condiciones ambientales deberían tener los siguientes elementos para fomentar el tipo de crecimiento que estás buscando.

- ❖ Deberías limitar la cantidad de distracciones con las que tienes que lidiar. Si tu entorno está lleno de distracciones, te resultará difícil mantener la concentración cuando lo necesites. Naturalmente, estamos inclinados a tomar el camino de menor resistencia independientemente de la situación. ¿Por qué no hacer ese camino que te lleve a tu objetivo? Por lo tanto, si estás viviendo en un entorno desordenado, tómate el tiempo de limpiarlo. Esto promueve una mente clara, que es mucho más fácil mantener la disciplina.

- ❖ Haz un esfuerzo por eliminar esas tentaciones más deseables: es posible que no podamos librarnos de todas las distracciones, especialmente si estamos dispuestos a compartirlas con otras personas. Sin embargo, puedes asegurarte de que la tentación se coloque en un área donde se requiera cierto esfuerzo para usarla. Si tienes que esforzarte demasiado para cruzar la habitación para conseguir algo de comer, entonces es probable que lo pospongas por un período de tiempo más prolongado que si tuvieras opciones de comida deliciosa al alcance de tu mano.
- ❖ Controle tu dopamina: la dopamina es una hormona del placer que se libera en el cuerpo cada vez que nos divertimos. Cuando nuestro cerebro secreta dopamina, nos sentimos bien. Es la sensación que tenemos cuando nos involucramos en el sexo, las drogas o cuando escuchamos música. Como nos gusta sentirnos bien, optamos por hacer de esas cosas nuestras prioridades. En algunos casos, si estás desarrollando un buen hábito, esto puede funcionar a tu beneficio,

pero, a menudo, puede representar un peligro real para el crecimiento. Es posible desarrollar una adicción a la dopamina, que puede matar todos tus intentos de mejorar la autodisciplina. Esta es otra razón por la que eliminar las distracciones es tan importante, la dopamina puede liberarse cuando realizamos actividades placenteras, pero también puede liberarse anticipando esas mismas actividades. Entonces, si las distracciones se alejan de ti, es menos probable que te veas tentado. Recuerda el viejo dicho, "fuera de la vista, fuera de la mente". Esas distracciones, como las páginas de redes sociales, correos electrónicos y tus programas de televisión favoritos, históricamente han tenido un gran impacto en los espectadores.

- ❖ Asegúrate de que tu predeterminación sea positiva: tu entorno debería facilitar la recuperación de tus posiciones predeterminadas positivas. Al hacer esto, aumentas tus posibilidades de convertir eso en un hábito real. Al optimizar tu comportamiento predeterminado, la mayor parte del esfuerzo será conducente a la autodisciplina. Si es demasiado fácil encender tu computadora o el control remoto, harás de esas cosas tu prioridad. Si tienes un problema con pasar demasiado tiempo en las redes sociales, considera dificultar el acceso. Elimina las aplicaciones favoritas de tu dispositivo o al menos cierra la sesión después de cada uso. Eso requerirá más esfuerzo para que los uses la próxima vez.

El objetivo principal de administrar tu entorno es conservar la energía y tu fuerza de voluntad para que puedas dedicarlos a esfuerzos más valiosos.

Capítulo 8

Diferencia Entre Ser Productivo y Estar Ocupado

Vivimos en un mundo intenso donde todo se mueve a la velocidad de la luz. Las personas tienen un impulso inusual para mantenerse en contacto con todo lo que les rodea y, como resultado, a menudo dan la apariencia de estar ocupadas todo el tiempo. Parte de la razón de esto es que, en cierta medida, queremos el respeto de los demás. Si nos vemos ocupados, debemos ser importantes, exitosos o felices. Sin lugar a dudas, las personas ocupadas generalmente buscan un impulso del ego.

Cuando decimos que estamos ocupados, a menudo es una táctica de evitación. Estamos construyendo una excusa para hacer algo que simplemente no queremos hacer. Por supuesto, hay muchas ocasiones en las que estamos realmente ocupados y no podemos dividirnos, pero la mayoría admitirá que la palabra "ocupado" se ha convertido en una frase clave para "no quiero hacerlo".

Para cualquier persona que sinceramente quiera cambiar la dinámica para que sea más productiva, comienza a encontrar el tiempo para incorporar nuevas cosas a tu agenda. Piensa cuándo realmente quieres hacer algo, lo fácil que es mover las cosas para poder ajustarlas. Para mejorar tu autodisciplina, deberás comenzar a hacer espacio para otras cosas en tu vida. Cuanto más tengas que administrar, más fácil será mantenerse en el objetivo.

Esto no significa que nunca estarás realmente ocupado. Puedes pasar días enteros apagando un fuego u otro. Pero eso no significa que estés siendo productivo. Una palabra común difundida entre las personas ocupadas es "realizar múltiples tareas". Las personas a menudo dicen que hacen tareas múltiples. Están siendo productivos al trabajar en más de una cosa a la vez. Sin embargo, según un estudio realizado por el profesor Clifford Nass de Stanford, aquellos que eran multitarea crónicos fueron superados constantemente por aquellos que no lo eran. Los resultados del estudio mostraron que, incluso cuando se les asignaban tareas que les permitían concentrarse en una sola cosa a la vez, las personas multitareas aún no utilizaban sus cerebros de manera efectiva. Estos resultados brindan evidencia impresionante de que una mente caótica y desorganizada, aunque parezca estar ocupada, no es el mejor enfoque de las situaciones. Por esa razón, necesitas auto-analizarte para determinar si realmente estás siendo productivo en tus tareas o simplemente estás ocupado.

- ❖ Revisa tu lista de tareas: si tu lista de tareas es muy larga, es probable que no seas muy productivo. Cuando eres verdaderamente productivo, puedes permitirte ser más selectivo con respecto a la cantidad de trabajo que aceptas, y eres capaz de crear un plan estratégico para realizar tus tareas lo antes posible.
- ❖ ¿Está priorizando tu trabajo? Cuando estás ocupado, tomas la acción que se produce primero en un orden no específico. Cuando aprendes a priorizar las tareas, decides cuáles son más importantes o consumen más tiempo y las abordas primero. Manejarlas cuando tu nivel de energía sea más alto será

una garantía adicional de que las terminarás en un tiempo razonable.

❖ Registra tu progreso: cuando estás ocupado, da la apariencia de que estás haciendo algo. Confundes acción o movimiento con progreso. Pones muchas cosas en un solo día, así que al final algo debe completarse, ¿verdad? Pero a menudo, cuando tienes esta larga lista de tareas que intentas hacer al mismo tiempo, solo puedes realizar una o dos al día, pero tienes veinte más que solo se realizan parcialmente. Cuando eres productivo, evitas realizar tareas al azar y tomas el enfoque más estratégico para los logros.

Si bien puedes haber pensado que estar ocupado era algo bueno, y en ocasiones lo es, ser productivo es una habilidad mucho más valiosa. Cualquiera puede hacer el cambio en cualquier momento a un estilo de vida más productivo. Cuando abordas las cosas primero por importancia y en un orden específico, verás que estás gastando menos energía y menos tiempo para hacer las cosas. Tu autodisciplina mejorará junto con tu eficiencia.

Saber Lo Que Se Necesita Hacer

Para ser más productivo, necesitas priorizar tus tareas. Esto proporcionará más orden en tu vida y te dará enfoque. Cuando priorizas, las cosas importantes siempre se logran primero. Pero, ¿cómo eliges qué es importante y qué debe hacerse y qué se puede postergar para más adelante? Y lo que es más importante, ¿qué hacer cuando todo lo que está en tu lista de tareas pendientes es importante pero estás trabajando por tiempo limitado?

Al mirar tu lista de cosas que hacer, tómate el tiempo para hacer estas preguntas muy importantes:

1. ¿Por Qué Es Importante?

Todos tenemos una tendencia a posponer las cosas de vez en cuando, incluso con cosas importantes, pero es posible que no nos demos cuenta. Es posible que subconscientemente dediquemos mucho tiempo a tareas más pequeñas y menos importantes porque las más grandes son demasiado grandes. En realidad, ya sea que estemos haciendo cosas por el trabajo o de hacer las tareas domésticas, saber en qué trabajar, qué es importante y qué no. Si no lo haces, la pregunta puede revelar mucho sobre cómo priorizar cada tarea. Cuando eliges una tarea importante para trabajar, sabes que parte de tu trabajo se llevará a cabo, lo que te dará cierto nivel de satisfacción. También puede ser gratificante saber que estás marcando la diferencia en la forma en que se desarrollarás tu día.

2. Elige Tu Tarea Más Importante Para Hacer Primero

Cuando comience el día, elije la tarea más importante que debes hacer primero. Si bien puede estar bien hacerlo en cualquier momento del día, hay ventajas definitivas para hacerlo primero. Al comienzo de cada día, comienza por escribir una lista de tareas pendientes y luego priorízalas con las más importantes en la parte superior y luego cada tarea sucesiva debe enumerarse por importancia. Esta es una excelente manera de hacer tu trabajo y canalizar la energía al mismo tiempo. Automáticamente mejorarás tu enfoque. También podrías hacer esto la noche anterior. De esa manera, ya estarás concentrado cuando te despiertes a la mañana siguiente porque sabes exactamente lo que vas a hacer ese día.

3. Lo Que Califica Como Una Tarea Importante

Cuando tienes muchas cosas que hacer, puede ser difícil determinar qué es lo más importante. Puede significar que debes tomarte el tiempo para analizar tu lista y lo que se requiere de cada tarea. Si tu trabajo es crear planes de mercadotecnia, es probable que el propio plan tenga más peso que responder a las publicaciones de las redes sociales o revisar los correos electrónicos. En la mayoría de los casos, la respuesta será obvia, pero en otros casos, puede tomar un poco de prueba y error antes de que puedas priorizar efectivamente tu lista. Para averiguar cuál es la tarea más importante para ti, considera qué es lo más urgente o qué tendrá el mayor impacto.

4. Cuando Hay Más De Una Tarea Extremadamente Importante.

A veces, tendrás que realizar más de una tarea urgente. Necesitas enfocarte solo en una a la vez. Si tienen la misma importancia, entonces no importa cuál hagas primero, siempre y cuando comiences. Si aún no estás seguro de con cuál empezar, intenta elegir la que más te entusiasme.

5. Abordar Tareas Más Pequeñas

No importa cuán larga sea tu lista, siempre enfócate primero en las tareas más importantes. Luego, una vez que hayan terminado, dirige tu atención a las necesidades menos urgentes. Puede que no los completes todos en un solo día, así que si terminas sin tenerlos todos, está bien porque ya tienes las cosas más importantes completadas, puedes terminar tu día satisfecho de haber sido productivo.

Identifique tus Tendencias de Evitación

Todos tenemos nuestro propio conjunto de tendencias de evitación que usamos cuando no queremos hacer algo. Es posible que ni siquiera nos demos cuenta de que los estamos utilizando, pero parece que surgen automáticamente cada vez que queremos salir de una situación incómoda. Debido a que este comportamiento surge automáticamente, podemos asumir que es un hábito bien definido en el que hemos llegado a confiar. Probablemente se desarrolló debido al alivio temporal que sentimos cuando somos capaces de escapar de lo que sea que no queríamos hacer.

Los patrones de evitación, si no se abordan, pueden llevar no solo a la incapacidad de crecer, sino que también pueden conducir a una ansiedad excesiva en muchas situaciones. Como resultado, necesitas identificar esos patrones en tu propia vida y lidiar con ellos para que no vuelvas a ellos automáticamente cuando surgen ciertas situaciones. Hay muchos tipos diferentes de tendencias de evitación, pero generalmente se relacionan con los temores internos que puedas tener. Algunos ejemplos pueden ser:

- ❖ Evitar tareas que requieran conexiones interpersonales.
- ❖ Evitar asociarse con otros por temor a no ser querido.
- ❖ Evitar las relaciones personales o íntimas.
- ❖ Miedo a ser criticado en entornos sociales.
- ❖ Miedo a nuevos entornos sociales.
- ❖ No tomar riesgos razonables.
- ❖ Evitar participar en situaciones que percibas que puedan ser embarazosas

Estas son solo algunas de las posibilidades involucradas en las tendencias de evitación. Pueden presentarse en una amplia variedad de formas, pero cuando te enfrentas a una situación en la que estás perfectamente calificado para hacerlo pero tienes miedo de una consecuencia negativa, supón que la excusa que das es una tendencia a evitar. Si no estás seguro de estar usando estas tendencias, entonces detente y pregúntate por qué no estás dispuesto a hacer una determinada actividad. Si es una tendencia de evitación, entonces estará directamente relacionada con algún tipo de temor.

Para identificar tus tendencias de evitación, primero debes tener un cierto nivel de comprensión de cómo ha desarrollado los patrones. La mayoría de las veces, estos no son reconocibles porque comenzaron en la infancia. Los temores generalmente se desarrollan debido a una experiencia traumática que has tenido en tu pasado. O pueden haber desarrollado el hábito a partir del modelado de un padre o madre específico que usó las mismas tácticas. Es mucho más difícil para uno aprender a adaptarse si este tipo de comportamiento es todo lo que sabe. Hay al menos nueve signos diferentes de que estás usando tendencias de evitación para salir de las cosas que te hacen sentir incómodo.

- ❖ No haces cosas que puedan desencadenar recuerdos dolorosos
- ❖ Vives tu vida fuera del radar
- ❖ Evitas enfrentarte a la realidad y confirmar oficialmente tu pensamiento.
- ❖ Haces lo que sea necesario para evitar que las personas se enojen contigo.
- ❖ Dejas de trabajar cuando surge un pensamiento incómodo.
- ❖ Evitas cualquier situación en la que puedas sentirte incómodo.
- ❖ No comenzarás nada a menos que sepas cómo terminarlo
- ❖ Evitas ciertas sensaciones físicas.
- ❖ Evitas cualquier situación en la que no seas tan bueno como los demás.

Este tipo de tendencias son malos hábitos que pueden hacer que pospongas las cosas o que nunca comiences tu trabajo. Una vez que puedas reconocer que estas tendencias se han convertido en un hábito, puedes tomar las medidas necesarias para cambiarlas y seguir adelante. Al eliminar estas prácticas de tu vida, liberas otro obstáculo que podría interferir con la mejora de tu autodisciplina.

Muchas personas que dependen en gran medida de las tendencias de evitación crecieron en hogares donde había muchos conflictos y los padres o bien evitaban el conflicto directo o estaban mal administrados. Como resultado, nunca aprendieron a enfrentar situaciones incómodas de frente. Poder entender cómo has desarrollado estas tendencias es clave para dominar tu habilidad para superarlas.

Capítulo 9

La Regla 80/20

Ya sea que estés trabajando para aumentar tu autoestima o no, conocer la regla 80/20 puede ser beneficioso para todos. El nombre suena un poco como una estadística, pero es mucho más profundo que el concepto de un número abstracto aplicado a un escenario determinado. El concepto tiene sus raíces profundas en la economía, pero puede ser comprendido y aplicado por aquellos que no son genios económicos. Su principio básico es:

Fue nombrado por el economista italiano Vilfredo Pareto, quien observó que el 80% de los ingresos en Italia era recibido por el 20% de la población. Lo que se asume es que la mayoría de los resultados en una situación dada pueden ser determinados por un pequeño número de causas.

Si bien este concepto se escribió originalmente con la economía en mente, pronto se hizo evidente que se aplicaba a todos los aspectos de la vida. Por lo tanto, intentemos aplicar la regla 80/20 y cómo se aplica para desarrollar tu autodisciplina.

El principio de Pareto

Para hacerlo más simple. Significa que el 80% de tus resultados provienen del 20% de lo que pones en ello. Este hecho parece mantenerse constantemente en una amplia variedad de situaciones. En realidad, los números realmente no importan, la idea general es que muchos más resultados se obtienen solo para unas pocas personas.

Si no has escuchado esta regla antes, es probable que pienses que los números están un poco torcidos, pero tómate el tiempo para ver todas las actividades que realizas cada día. Luego, trata de determinar cuánto del trabajo que estás realizando te está dando los resultados que necesitas. Para la mayoría de las personas, la evidencia es clara: solo un puñado de actividades a las que te dedicas generan los ingresos y las cosas que necesitas para vivir.

Por ejemplo, observa la distribución de la riqueza y los recursos que necesitamos todos los días. Un porcentaje muy pequeño de la población mundial tiene control sobre los recursos del mundo. El dinero que generan las empresas suele ser ganado por el 20% de la fuerza laboral. Solo alrededor del 20% de los clientes de una empresa generan alrededor del 80% de sus ingresos totales. Si bien este número puede no ser consistente, deja claro que existe una gran disparidad en la que la mayoría de los involucrados son atendidos por unos pocos.

En una escala más pequeña, eche un vistazo más de cerca a su propia vida. ¿Dónde estás poniendo más energía? Es posible que estes haciendo muchas llamadas telefónicas todos los días, pero los beneficios de esas llamadas solo provienen de unas pocas personas. Tu página de Facebook probablemente tenga muchos amigos, pero cuántos de esos amigos son aquellos en los que puedes confiar. Es probable que solo pases tiempo de calidad con algunos de ellos aunque tengas cientos.

A nivel personal, mira tu agenda. ¿Cuánto tiempo estás gastando en tus proyectos de pasión que no están dando resultados financieros? Si bien pueden ser divertidos y emocionantes de hacer, sabes que no pagarán las cuentas. Es posible que dediquemos gran parte de nuestro tiempo a estas actividades, que es otra forma de postergarlo para que no seamos eficientes en nuestro trabajo.

Viviendo Una Vida 80/20

Una vez que comienzas a analizar este hilo común en tu vida, comienzas a ver estas proporciones en todas partes. La clave para revertir esto es intentar eliminar el 80% del esfuerzo que estás realizando y trabajar solo en el 20% que producirá los mejores resultados. No se trata de trabajar más duro sino de trabajar más inteligentemente.

Por lo tanto, deseas centrarse en aquellas actividades que te darán los mejores resultados. Esto no solo tiene que aplicarse de manera monetaria, sino que también puede aplicarse a nivel personal. Por lo tanto, ya sea que tu objetivo convertirte en un artista que busca ser descubierto o que quieras unir más a tu familia, es importante tomarse el tiempo y analizar las actividades en las que participas y cortar lo innecesario. Concentra la mayor parte de tu energía en aquellas cosas que producen resultados y deja el resto para otro momento.

¿Cómo Se Aplica Esto A La Autodisciplina?

Cuando tienes una buena autodisciplina, ya estás en el 20% de las habilidades que producen los resultados del 80%. Es el único ingrediente que es necesario para todo tipo de interacciones, incluida la colaboración. La autodisciplina solo es útil si la aplicas al 20% de las actividades que darán resultados. Por ejemplo, puede aplicar tu autodisciplina a no jugar videojuegos, lo que podría liberarte tiempo, pero de lo contrario no podrías producir resultados productivos. Puedes disciplinarte para no ver televisión, pero nuevamente, si bien hay algunos beneficios de ese ejercicio, si no produces el tipo de resultados que necesitas, entonces estás caminando en círculos.

Sin embargo, si estás aplicando tu autodisciplina para desarrollar hábitos buenos y productivos, estas son cosas que se mantendrán contigo hasta que se conviertan en una segunda naturaleza. Tus nuevos hábitos se convierten en un montón de pequeñas reglas que te guiarán hacia el 20% de las actividades que darán los mejores resultados. Al final, puedes concluir que el 80% de los resultados que obtienes al desarrollar tu autodisciplina provendrá de aplicar el 20% de tu esfuerzo para desarrollar hábitos nuevos y productivos.

Si todos hacemos esto, estaremos más inclinados a seguir construyendo nuestra autodisciplina, ya que nos daremos cuenta de que es como un boleto de oro para el tipo de resultados que estamos buscando. Te convertirás en un emprendedor en lugar de que alguien te diga a dónde ir. Aprenderás discreción, pero al mismo tiempo, a caminar fuera del camino trillado. Al final, tendrás mucha más libertad de la que podrías imaginar.

Conclusión

Gracias por llegar hasta el final de Autodisciplina: EL Dominio De La Mente, esperemos que haya sido informativo y que pueda proporcionarte todas las herramientas que necesitas para lograr tus objetivos, sin importar cuáles sean.

Tu autodisciplina es como un músculo que necesitas ejercitar todos los días. Incluso después de que hayas dominado esta habilidad, aún necesitarás ejercitar este músculo o comenzarás a volverte flácido nuevamente. Si te sales de la práctica, todas las habilidades que has aprendido se evaporarán y tendrás que comenzar de nuevo.

Usa la información que aprendiste aquí, pero nunca asumas que has completado el viaje. Aquellos que tienen habilidades sólidas en esta área nunca se cortan, toman descansos o ponen excusas. Necesitas ser sincero contigo mismo y resistir el impulso de pensar que lo has logrado. Sigue trabajando en ello hasta que se convierta en un hábito, y luego continúa trabajando en ello un poco más.

Sabrás cuándo estás utilizando tu autodisciplina de la manera correcta; sabrás cuándo decir "no" a las cosas que te alejarán de lo que es importante. No tendrás que pensar en ello ni sopesar tus opciones, tu cerebro habrá sido entrenado como un instrumento musical afinado para tocar cuando se reconozca la señal correcta.

Esto no significa que no tengas distracciones y que no seas tentado. Esas son partes reales de la vida y nunca se irán. Lo que desaparecerá después de dominar estas técnicas es su efecto en ti.

Juntos hemos discutido muchas cosas. Por ahora entiendes:

- ❖ ¿Qué es la autodisciplina?
- ❖ Cómo dar tus primeros pasos.
- ❖ ¿Por qué necesitas tener un propósito?
- ❖ Cómo identificar tus problemas de autodisciplina
- ❖ Cómo reemplazar los malos hábitos por otros nuevos.
- ❖ El poder que tiene el miedo sobre ti.
- ❖ Cómo salir de tu zona de confort
- ❖ Y más.

Sólo puedes subir desde aquí. No hemos podido aprender todos los pequeños aspectos de la autodisciplina, pero estamos seguros de que puedes hacerlo desde aquí. No hay un final para la educación que puedes aprender y cómo te hará crecer. Esperamos que una vez que te hayas puesto en el estado de ánimo adecuado, tengas una buena condición física y te hayas librado de tus miedos, estés listo para aplicar la autodisciplina en todos los aspectos de la vida.

Finalmente, si encuentras útil este libro de alguna manera, ¡siempre se agradece una revisión en Amazon!

www.ingramcontent.com/pod-product-compliance
Lightning Source LLC
Chambersburg PA
CBHW031113080526
44587CB00011B/957